알아두면 돈이 되는

행동경제학

행동을 이해하면 마케팅이 보인다

알아두면 돈이 되는
행동경제학

아베 마코토 감수
신희원 옮김

BOOKERS

인간의 비합리적인 행동은 왜 일어나는 것인가?
그에 대한 해답을 '행동경제학'에서 찾는다.

인간이 가진 비합리적인 면에 주목한 '행동경제학'은 사람들의 소비 행동을 이해하는 데 도움이 된다.

이렇게 펜을 든 2021년 3월, 전 세계적으로 신형 코로나바이러스가 기승을 부리며 진정될 기미는 아직 보이지 않았다. '사회적 거리두기', '외부활동 자제'와 같은 표현이 뉴스에 연일 등장하는 상황에서 우리의 경제활동은 얼어붙었다. 특히 일본에서는 예정대로라면 2020년에 열려 거액의 경제 효과를 낳을 것으로 예상한 도쿄올림픽이 2022년에 개막되었다. 이렇듯 몹시 우울한 뉴스만 이어지며 세상 전체가 이상한 분위기로 가득 차 있다.

미시적인 관점으로 전환해보면 기업의 이익 저하로 인해 임금이 낮아져 보너스를 받지 못하게 된 직장인이나 영업 제한으로 매출이 제로가 되어 매달 적자만 쌓여가는 중소기업 사업자 등, 생활을 좌우할 정도로 심각한 상황을 맞은 사람이 많아졌다. 이렇게 수입 혹은 매출이 줄어드는 상황에서는 한 푼도 허투루 쓸 수 없다. 다른 관점과 접근방식으로 사람들의 소비 행동을 되돌아볼 필요가 있다.

이 책에서 다루는 '행동경제학'이 인간의 비합리적인 행동을 이해하는 데에 하나의 실마리가 되길 바란다. 지금까지 이른바 전통적 경제학과는 달리, 행동경제학은 소비자의 '행동'에서부터 시작하여 이론을 형성한다. 특히 인간이 가진 '비합리적'인 부분에 초점을 두고 있다. 자기 자신의 비합리적인 측면을 안다는 것은 나아가 충동적인 소비를 줄이거나 불필요한 소비를 자제하는 능력으로 이어질 것이다. 소비자의 행동을 이해한다는 건 더 나아가 마케팅의 질도 크게 달라진다는 것이다.

한편으로 행동경제학은 소비 행동에 국한된 이야기가 아니다. 이번 코로나 팬데믹 상황에 행정과 기업이 행동경제학을 주목하고 있다. 가령 팔꿈치로 살짝 쳐서 타인에게 어떠한 행동을 하도록 유도하는 '넛지'라는 이론은 사람들의 밀집을 막기 위한 이벤트에 효과적으로 활용되었다고 한다.

행동경제학을 이해하는 것은 소비하는 사람과 파는 사람 모두에게 이점이다. 즉, 누구에게나 도움이 될만한 가능성을 가진 것이 행동경제학이다. 이 책이 한 사람이라도 더 많은 독자에게 도움이 되기를 마음속 깊이 바란다.

아베 마코토

CONTENTS

4 CHAPTER

마케팅에 활용한다

행동경제학의 활용 사례

5 CHAPTER

행동경제학의 핵심

넛지 이론

6 CHAPTER 비즈니스 상황에서도 활용한다 행동경제학의 응용법

당신은 언제나 최적의 선택을 내릴 수 있는가?

우리의 일상생활은 의사결정의 연속이다. 특히 돈과 관련된 의사결정은 누구나 중요한 일이라고 생각할 것이다. 그러나 돈과 관련된 상황에서 우리는 항상 미래의 일까지 생각한 합리적인 선택을 내리고 있다고 말할 수 있을까? 무심코 충동구매를 하거나, 심사숙고 후에 행동에 옮겼다고 생각했는데 투자나 도박으로 돈을 잃고 후회하기도 한다. 선택의 후회를 되도록 줄이기 위해서는 먼저 인간이 의사결정을 내릴 때의 행동 습관을 알아둘 필요가 있다.

예를 들면…

광고에 휘둘린다

좋아하는 연예인이 나오는 TV 광고를 보면 자신에게 별로 필요하지 않은 상품이라도 구매 의욕이 솟아난다.

이거 진짜
맛있어요!
꺄악~♡
사야지! 사고 말 거야

예를 들면…
계산대 옆에 놓인 상품을 집어든다

마트에서 계산을 기다리다 보면 계산대 옆에 진열된 건전지나 과자를 무심결에 장바구니에 넣게 된다. 나도 모르게…

つい・・・

한정판 컬러!
잘 팔리는 데는 이유가 있다!
2천만 대 돌파!!

예를 들면…
충동구매를 한다

인터넷 광고나 홈쇼핑 채널에서 '잘 팔리는 데는 이유가 있다!'나 '한정판'과 같은 문구에 홀려서 정신을 차리고 보면 상품을 주문하고 있다.

행동경제학을 알면 얻을 수 있는 3가지

마케팅 · 경영지원 · 자기계발

인간이 '의사결정할 때의 무의식적 행동'을 파악하여 얻을 수 있는 것은 우선 물건을 팔 때 필수적인 '마케팅'에 대한 깊은 이해다. 마케팅은 행동경제학의 다른 이름이라고 일컬어질 정도로 비즈니스 상황에서 크게 도움이 된다. 또 인간의 행동 경향을 알면 사람들을 좋은 방향으로 이끌 수 있어서 업무의 '경영지원'이나 업무에 도움되는 '자기계발'에도 효과적으로 작용한다. 이렇듯 행동경제학은 다양한 상황에서 응용할 수 있는 학문이다.

1 마케팅

의사결정할 때의 무의식적 행동을 파악함으로써 소비자가 상품을 어떨 때 사고 싶어하는지 심리를 이해할 수 있다. 소비자 심리를 바탕으로 한 광고나 판촉 수단이 저절로 보이기 시작한다.

오로나민 C
반짝-!
90%의 고객에게 선택 받았습니다!
이게 그렇게 좋은가 보네!

2 경영지원

직장 동료 혹은 팀원을 잘 매니지먼트하는 것도 행동경제학의 이론이 도움이 된다. 가령 업무 도움을 받을 때도 업무 협조를 받기 용이한 방법을 알고 있다면 도움받을 가능성이 커진다.

다들 해준대요!
그럼 어쩔 수 없지…

3 자기계발

물론 자신의 행동을 바꿀 수도 있다. 나아갈 목표가 있는데도 그만 눈앞의 유혹에 흔들려 목표를 이루지 못하는 사람이라도 행동경제학적으로 접근하여 원인을 파악하면 대책을 세울 수 있다.

목표!
1일 1시간
책상 앞에 앉는다.
우선
이 목표를
이뤄야지!

1

CHAPTER

기초부터 배운다

행동경제학의 사고방식

제1장에서는 행동경제학의 성립과 기본적인 사고방식에 관해 설명한다. '행동경제학'이란 인간이 꼭 합리적인 행동을 하는 것은 아니라는 사실에 주목하여 인간의 심리적, 감정적 측면의 현실을 바탕으로 분석하는 경제학을 말한다. 매우 실천적인 이론이 많고, 행동경제학 실험을 통해 정책을 개선하는 등 일상 생활에 깊숙이 자리매김 하고 있다.

전통적인 경제학의 사고방식

인간은 합리적으로
행동한다!

실제 경제적인 행동에
들어맞지 않을 때도!

▼

왜?

그래서 생겨난 것이

경제학 + 심리학
=행동경제학!

이론 1 사람들은 무의식중에 휘둘린다?

간격을 두고
줄을 서야지
!
건전지
특별
가격!
마트에서
계산을 기다릴 때,
자연스럽게
바닥의 표시에 따라
줄을 선다.

주체적으로 움직이는 것처럼 보이지만 사실은 아무 생각이 없다?

편의점이나 마트에서 계산 차례를 기다릴 때, 계산대 앞의 바닥에 화살표가 그려진 것을 볼 수 있다. 코로나 팬데믹 상황에서는 고객 간의 적절한 거리를 나타내는 표시선도 늘었다. 이것을 본 우리는 가게 직원이 강요하지 않아도 긴 줄이 생겼을 때도 그 줄 뒤에 서려고 하고 앞 사람과 거리를 유지하려고 한다.

하지만 화살표나 선이 없다면 어떨까. 질서 없이 각자 마음대로 생각해서 행동하기 때문에 끼어들었다, 끼어들지 않았다 등의 언쟁이 벌어지거나 밀착 상태가 될지도 모른다. 다시 말해 화살표나 안내선을 봄으로 인해서 우리는 매장 직원이 바라는 행동을 모르는 사이에 선택하게 된다.

이렇듯 스스로 주체적으로 행동했다고 생각하는 일들도 사실 무의식중에 어떠한 정보나 의도를 바탕으로 휘둘린 것이다. 이것이 바로 우리 인간이다.

››› 계산대 옆에 놓인 건전지. 무심결에 집어 들기 마련인데, 이 사례도 사람이 무의식중에 행동하게 된다는 걸 보여준다.

이론 2

경제학적으로 '초합리적인 행동'이란?

정장 원피스
멋진데 싸다!
하지만 사이즈가…
저 원피스를 입기 위해서
살을 빼야지~!
위잉~

멋지고 저렴한 원피스를 보고는 다이어트에 돌입한 여성. 결혼식 참석을 앞두고 준비를 시작했다.

전통적인 경제학에 따르면 인간은 항상 합리적인 선택을 한다

인간이 무의식적으로 행동할 때, 판단 기준이 되는 것이 과거의 경험이다. 지금껏 자신이 체험한 성공과 실패, 기쁨과 후회, 상황 감각 등을 머릿속에서 종합적으로 검토하여 행동을 결정한다.

이것은 우리가 일부러 생각하는 것이 아니라, 뇌가 제멋대로 판단해주는 경우가 대부분이다. 자동차 운전이나 대화 중의 맞장구 등 생각할 여유가 없을 때도 뇌 덕분에 적절한 행동을 취할 수 있다.

전통적 경제학에서는, '인간은 이치에 맞는 행동을 취한다'는 사고방식을 기본으로 이론을 펼쳐왔다. '인간은 항상 초합리적, 초절제력으로 의사결정을 내리고 행동하는 존재다' 지금까지의 전통적 경제학은 그렇게 정의했다.

즉 다양한 선택지 중에서 순식간에 가장 높은 효용을 가져다주는 것을 골라(초합리적), 현재와 미래의 이익을 저울질한 후에 미래에 얻을 수 있는 이익이 크면 그것을 우선시한다고(초절제력) 여겨졌다.

예를 들면 쇼핑도 의사결정의 하나다. 결혼식 때 입을 원피스를 살 때 가격비교 사이트에서 비교 검토하면 가장 싸고 품질이 좋은 제품을 구입할 수 있다. 그리고 그 원피스의 사이즈에 체형을 맞추기 위해서 다이어트를 하려고 생각하는 것은 경제학적인 관점에서 합리적인 행동이라고 말할 수 있다.

이렇듯 인간은 항상 자신의 이익을 최대화하는 합리적인 선택을 한다는 사고방식이 전통적 경제학의 전제로 여겨져 왔다.

이론 3 인간은 꼭 합리적으로 행동하는 것은 아니다

휴~
오늘
운동했으니까
괜찮겠지!
건배!

자제력을 잃었다

두 벌이나
필요 없는 거
아냐?
우와,
원피스
두 벌 사면
할인
이라고?!

'두 벌이나 필요 없다'라는 사실을 망각

술과 식사를 즐긴 데다가 원피스의 유혹에 사로잡혔다.
비교 검토와 운동한 노력은 대체로 어디로 간 것일까….

실제 인간은 비합리적

앞에서 전통적 경제학에서는 '인간은 합리적으로 행동한다고 정의해 왔다'라고 말했다. 하지만 정말 그럴까? 우리는 늘 상식적으로 합리성을 추구하고 있을까? 시험공부를 해야 하는 데도 친구와 놀러 가거나, 내일이 마감인 일을 집에 와서 처리하려고 생각하다가 잠들어버린 경험은 누구에게나 있을 것이다.

결혼식 참석을 앞두고 준비 중인 여성의 사례도 마찬가지다. 15만 원인 원피스를 사려는데 '두 벌에 19만 8천 원'이라는 이벤트가 눈에 들어와, 그만 두 벌을 사버렸다는 경험은 자주 들을 수 있는 이야기다. 또 '오늘은 운동을 많이 했으니까' 하며 다이어트 중임에도 고칼로리의 식사를 해버리기도 한다.

가격이 싸도 결혼식에 갈 때는 한 벌밖에 입을 수 없으니 나머지 한 벌은 필요 없으므로 이 행동은 전통적 경제학이 가정하는 합리적인 행동이라고는 말할 수 없다. 게다가 폭식을 하면 운동 효과가 허사로 돌아가는 것은 자명한 사실이다. 이것도 인내력이 부족한, 즉 자제하지 못한 행동으로 경제학의 가정과는 거리가 멀다.

이렇듯 사람은 때와 상황에 따라서 비합리적인 행동을 취하곤 한다. 게다가 '알고 있는데도 못 한다'와 같은 경우뿐만 아니라 올바르다고(혹은 이득이라고) 믿어서 내린 선택이 사실은 비합리적인 경우도 드물지 않다.

이론 4

합리적인 행동을 추구해온 경제학의 한계

외적 동기에 영향을 받지 않고 순전히 자신의 경제적인 이득만을 위해 행동하는 사람.

하고 싶은 것이 있어도 참고, 상품의 가치를 꼼꼼하게 계산한다. 그리고 자신만 좋으면 모두 상관없다. 이것이 전통적인 경제학에 대한 이미지였다.

경제학의 이상과 어긋나는 우리 인간의 현실

초합리적, 초절제력이라는 특징에 하나 더 덧붙여, 전통적인 경제학은 '초이기적'인 인간을 가정한다.

바꿔 말해 의사결정을 내릴 때는 자신의 이익밖에 생각하지 않고, 자신이 불이익을 당하지 않는 한, 자신이 한 행동으로 타인이 불행해져도 상관없다는 말이다. 제멋대로에 반사회적인 느낌이 들지만, 경제의 구조를 생각하면 이해할 수 있을 것이다.

자본주의 국가에서는 모두 평등하게 나누는 공산주의와는 달리 자유경쟁이 전제다. 기업은 회사의 이익을 높이기 위해 좋은 상품을 만들어 팔고, 소비자는 더욱 싸고 좋은 상품을 손에 넣기 위해 고르고 골라서 구입한다. 여기서 생겨난 수요와 공급의 균형에 의해 가격이 결정되고, 시장이 형성된다. 욕구가 많은 사람은 그만큼 노력을 쏟으므로 기업과 소비자 모두 '자기 자신을 위해' 노력하면 결국에는 최적의 상태에 이르게 된다.

이렇게 초합리적, 초절제력, 초이기적이라는 3가지 행동 원리에 따라 의사결정을 내리는 인간을 전통적 경제학자들은 '호모 에코노미쿠스=경제인'이라고 정의 내렸다.

그러나 현실에서 사람들은 꼭 그렇게 행동하지만은 않는다. 가장 효용(메리트)이 높은 상품이 아닌 것을 사기도 하고, 담배를 끊지 않으면 폐암에 걸릴 가능성이 크다는 사실을 알면서도 눈앞에 담배가 있으면 피기도 한다. 이익을 얻을 방법을 알고 있어도 주변 사람의 시선을 의식해서 다른 선택을 내리기도 한다.

즉 전통적인 경제학의 사고방식으로는 왜 인간이 그러한 행동을 취하는지 모두 설명해 낼 수 없다.

이론 5

새로운 학문 분야인 행동경제학의 등장

호모 에코노미쿠스와 비교하면 다소 적당함을 추구하는 우리 인간이다.
이 적당함에 주목한 것이 새롭게 등장한 학문인 행동경제학이다.

전통적 경제학으로 설명할 수 없는 부분을 담당하는 학문

경제학과의 모순이 생겨버린 인간의 행동을 해명하기 위해 등장한 것이 '행동경제학'이다. 행동경제학에서는 지금껏 경제학이 가정한 호모 에코노미쿠스와 같은 존재를 가정하지 않고, 실제 인간의 행동을 바탕으로 이론을 형성한다는 점이 특징이다.

경제학은 미리 정의 내린 표준적 행동을 바탕으로 이론을 펼쳐나가는 연역법적 학문인 데 비해, 행동경제학은 실제 행동에서 이론을 형성해 나가는 귀납법적 학문이다. 그러므로 실험이나 소비자 설문 등을 이용하여 수집한 데이터를 토대로 연구해 나간다. 소비자의 동향을 파악하기 쉽다는 데에서 마케팅 분야에서 주목을 모으고 있다. 그리고 앞서 말한 호모 에코노미쿠스와는 모순된 행동을 연구 대상으로 삼기 때문에 더욱 실용적이고 비즈니스에 활용하기 좋은 학문이라고도 말할 수 있다.

행동경제학에서 가정하는 인간상은 지금껏 전통적 경제학이 그려온 이상적인 인간상에서는 '적당히' 벗어나 있다. 적당히 합리적이므로 본인 나름대로 독자적인 기준을 가지며, 가령 상품의 가격이나 가치의 차이를 엄밀하게는 따지지 않는다. 자제력 있는 행동 역시 적당한 선을 지킬 뿐, 때로는 자신의 욕구에 솔직하게 행동한다. 또 적당히 이기적인 그들은 자신뿐만 아니라 주변 사람들도 잘 생각하여 행동한다.

전통적 경제학에서 벗어난 부분에 초점을 맞추는 학문이 바로 행동경제학이다.

이론 6

행동경제학 = 경제학 + 심리학

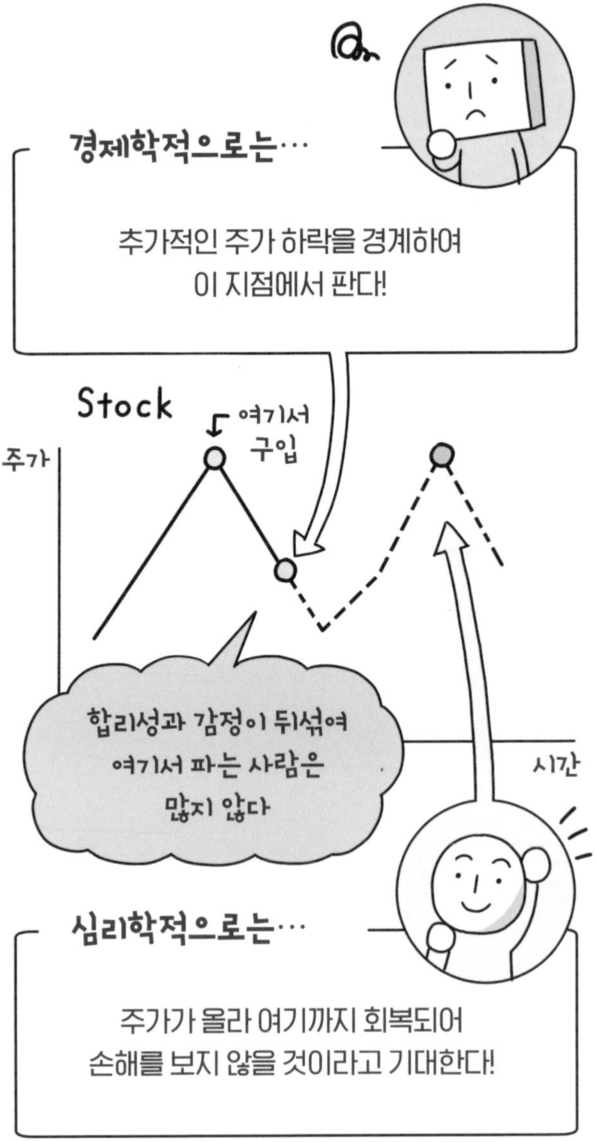
경제학적으로는…
추가적인 주가 하락을 경계하여
이 지점에서 판다!
Stock
여기서 구입
주가
시간
합리성과 감정이 뒤섞여
여기서 파는 사람은
많지 않다
심리학적으로는…
주가가 올라 여기까지 회복되어
손해를 보지 않을 것이라고 기대한다!

심리학의 요소를 더하여 경제학의 모순을 설명할 수 있다

새로운 학문으로 행동경제학이 등장했지만, 전통적 경제학을 완전히 무시하는 것은 아니다. 경제학이 입증해온 이론을 바탕으로 인간 특유의 사고방식과 습관을 감안하여 실제 행동을 검증하는 것이다. 이 때문에 행동경제학은 경제학과 심리학의 하이브리드라고 표현되기도 한다.

실제로 주식 투자를 예로 들어 생각해보면 잘 이해할 수 있다.

주가가 회사의 실적 등을 반영하여 떨어졌을 때, 그 주식을 가지고 있는 모든 사람이 곧장 팔아치우리라 생각하는 것이 전통적 경제학이었다. 그러나 여기에 심리학 요소가 더해지면 '다시 상승하지 않을까?' 하고 희망을 품는 인간의 성질이 반영된다. 그 결과 모든 사람이 주식을 파는 것이 아니라 계속 보유하는 사람도 있다는 결론이 유도된다.

이러한 경우는 그 밖에도 우리들의 일상생활에 많이 존재한다.

예를 들어 전통적 경제학에서 바라본 시장의 수급곡선을 떠올려보자. 일반적으로 가격이 내려가면 내려갈수록 소비자가 사고 싶어 하는 마음(=수요)은 커진다. 그러나 사실 모든 상품에 해당하지는 않는다. 대표적으로 명품이 있다. 분명 같은 카테고리의 다른 상품보다 비싼데도 불구하고 사람들은 모두 사려고 한다. 이것은 '비싼 것을 손에 넣는 것 자체에 특별한 욕구가 생겨난다'라는 심리적 요소인 베블런 효과 (→79쪽)가 작용한 결과다.

이론 7

코틀러가 말했다! '행동경제학은 마케팅이다'

'마케팅'의 다른 이름이죠!
마케팅의 거장 코틀러

인간의 실제 행동에서 새로운 이론이 태어난 학문

행동경제학이 생겨난 것은 1970년대 중반의 일이다. 일반 사람들에게는 생소할 수도 있다. 그러나 얼마나 주목을 받고 있는지는 연구자가 3명이나 노벨상을 받았다는 데에서 알 수 있다. 마케팅 연구의 일인자인 필립 코틀러는 이렇게 말했다.

"행동경제학은 '마케팅'의 다른 이름에 지나지 않는다. 지난 100년에 걸쳐 마케팅은 경제학과 그 실천을 바탕으로 하는 새로운 지식을 만들어냈고, 경제 시스템이 기능하는 구조에 관한 것에 기여했다"

이 말을 자세히 들여다보면 행동경제학은 '경제학으로 생각한 이론'과 '실제 행동'에서 생겨난 새로운 분야로, 마케팅에서 실천되어 온 것을 학술적으로 연결 지은 것이다. 다시 말해 소비자인 우리는 매일 행동경제학을 접하고 있다. 일상생활은 의사결정의 연속이다. 자신이 비합리적인 판단을 내릴 가능성이 있음을 자각하고, 어떻게 하면 합리적인 의사결정을 내릴 수 있을지를 아는 것이 매우 중요해진다. 행동경제학은 그 힌트를 주는 셈이다.

지금부터는 인간의 의사결정 과정을 더욱 충실하게 묘사한 '휴리스틱(→30쪽)'이나 '전망 이론(→84쪽)'과 같은 다양한 행동경제학의 요소에 대해 해설해 나간다. 의사결정의 구조를 이해하고 의식하는 것이야말로 자기 자신을 합리적인 행동으로 이끌고, 나아가 비즈니스를 성공시키는 지름길이 될 것이다.

• 행동경제학의 노벨상 수상자 •

대니얼 카너먼

2002년 수상. 불확실한 상황에서의 행동을 예측하는 모델인 '전망 이론'을 발표했다.

로버트 쉴러

2013년 수상. 전통적 경제학의 가설에 반한 행동(이상 현상)에 관하여 연구했다.

리처드 탈러

2017년 수상. 팔꿈치로 쿡 찔러서 사람들의 행동을 바꿀 수 있다는 '넛지 이론'을 주장했다.

2

CHAPTER

인간적인 마음으로 결정한다

휴리스틱

제2장에서는 행동경제학을 배울 때 반드시 알아야 할 중요한 요소인 '휴리스틱'에 대해서 파헤친다. 휴리스틱이란 인간의 의사결정을 돕기 위해 작용하는 사고 프로세스를 말하는데, 자신의 경험을 바탕으로 최적의 수단을 발견해 내므로 '간편법'이라고도 불린다. 휴리스틱의 최대 특징은 판단의 속도다. 깊이 생각할 필요가 없는 상황에서 순식간에 대답을 도출해 준다. 반면, 직감적인 판단이 초래하는 문제점도 있다.

신상품!!
CM송
모바일
하나
사볼까?~

신상품!!
이거 진짜
맛있어요!
꺄악~♥
나도 사야지~!

인간의 사고 판단 체계

휴리스틱과 시스테마틱

상황에 따라

휴리스틱

›› 뭔가 먹고 싶지만 시간이 없다. 그럴 때 우리는 깊이 생각하지 않고 메뉴를 고른다. 10분이나 20분이나 걸려서 '뭘 먹을까?' 하고 고민하는 사람은 없을 것이다. 어느 정도 직감으로 고르게 된다. 이때, 과거의 경험 등을 토대로 즉시 결정하는 과정을 '휴리스틱'이라 한다.

특징

- 직감
- 고속
- 즉각적인 의사 결정
- 경험적

인간의 사고에는 크게 직감과 숙고라는 두 가지 모드로 나뉜다.

기본적으로는 재빠르게 대답할 수 있는 직감이 사용되고, 이때의 의사결정 과정을 '휴리스틱'이라고 부른다. 휴리스틱을 사용하면 어느 정도 만족할 수 있는 답변을 빠르게 내놓을 수 있는 한편, 손실로 이어지는 잘못된 대답을 하고 마는 경우도 있어서 행동경제학의 주요쟁점이 된다. 이렇듯 인간이 두 가지 사고 타입을 나누어 사용한다는 이론을 이중 과정 이론이라고 부른다.

심사숙고해서 판단한다

››› 컴퓨터와 같은 고가의 물건이나 꼼꼼히 따져야 하는 물건을 살 때 사람은 성능, 가격, 용도 등 여러 가지 조건을 고려한다. 이렇게 정보를 모아 천천히 검토하는 사고를 시스테마틱이라고 한다. 사람은 상황에 따라 '직감'과 '숙고'를 나누어 사용한다.

특징

- 숙고
- 저속
- 의식적인 사고에 의한 결정
- 합리적

Q 인간이 바로 판단할 수 있는 이유는 뭘까?

[휴리스틱]

포인트 1

사는 사람의 사고방식이 반영된다

맛있는 토마토를 생으로 그대로 먹고 싶은지, 토마토 소스를 곁들여 끓일 것인지 등, 그날의 기분이나 주머니 사정 등도 영향을 미친다.

포인트 2

과거의 경험을 참고한다

토마토를 계속 사본 경험으로 가격이 적당한지 알 수 있다. 이상기후로 인한 '수확 상황의 악화=가격 상승' 등의 정보도 고려한다.

토마토를 사려고 할 때,
5kg 15,000원 토마토와 같은 무게의 25,000원 토마토 중
어느 것을 고를지 바로 결정할 수 있는 이유는 무엇일까?

포인트 3

그때그때의 정보도 참고한다

원래 가격과 바로 옆에 적힌 할인 가격과의 비교나 고급스러운 상품 포장 등에도 영향을 받는다.

A

휴리스틱을 사용하고 있기 때문에

포인트 1~3의 내용을 순식간에 모두 고려하여 그중에서 자연스럽게 우선순위를 매겨 판단한다.

휴리스틱

A 휴리스틱을 사용하고 있기 때문에

인간이 선택을 할 때, 전통적 경제학에서는 많은 정보를 차분히 고려한 다음 판단을 내린다고 바라본다 (→33쪽).

그러나 모든 상황에서 이러한 판단을 내리는 것은 너무 많은 수고로움과 시간이 걸린다. 이 때문에 싼 것이나 따질 것이 많지 않은 물건을 살 때나 순식간에 판단을 내리기에는 정보가 너무 많은 경우(정보 과다)에는 효율적으로 결단을 하는 '휴리스틱'을 많이 이용한다.

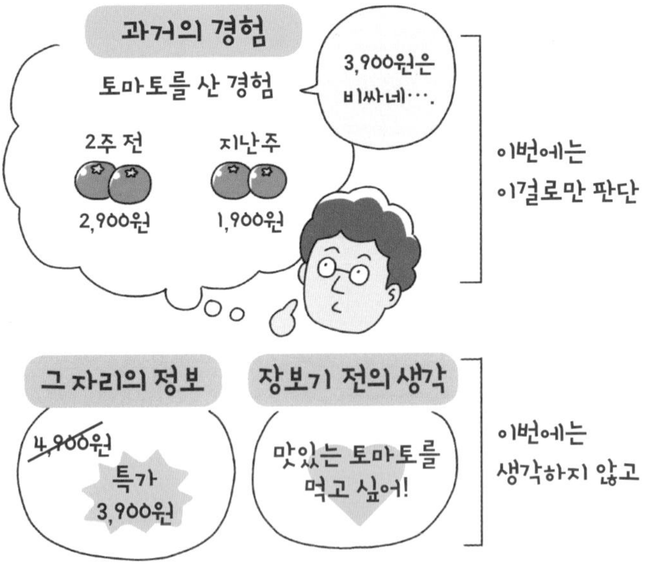

● 시간을 들이지 않고 어느 정도 만족할 수 있는 답을 얻을 수 있다

휴리스틱은 시간을 들이지 않고 판단하기 위해서 사물의 어느 한 면만 보고 결정하는 등 단순하게 생각하는 과정이다. 꼭 최적의 판단을 내릴 수 있다고는 말할 수 없지만, 어느 정도 만족할 수 있는 수준의 답을 얻을 수 있다.

휴리스틱은 착각을 낳기도 한다 #바이어스

휴리스틱이 항상 적절한 판단으로 이어지는 것은 아니다. 상황에 따라서는 보고 싶은 면만, 듣고 싶은 것만 보고 듣거나, 자기 좋을 대로 해석하는 등 치우친 사고방식(바이어스)을 일으키기도 한다.

휴리스틱을 분류하면 아래의 세 가지가 대표적이다(70쪽 참고).

• 바이어스를 만들어내는 휴리스틱의 대표 예 •

신상품!!
CM송
모바일
하나 사볼까?~

① 이용 가능성 휴리스틱
익숙한 것은 자주 일어난다고 판단하는 경우

→38쪽

바나나를 한 달 동안 매일 먹은 5명 중 4명이…
3 kg 감량!!
바나나 사러 가야지!
우와!

② 대표성 휴리스틱
대표적인 예가 전체를 반영한다고 착각하는 경우

→44쪽

이번 건, 다들 어떻게 생각하나요?
반대가 더 많지 않나요?
좋아, 찬성이 다수군!

③ 고착성 휴리스틱
자기 생각이나 직전에 보고 들은 내용에 고착하는 데에서 착각하는 경우

→54쪽

Q 본 적이 있는 물건을 사고 마는 이유는?

[이용 가능성 휴리스틱]

☑ 흥미가 있는 것만을 지각한다

개인적으로 흥미가 있는 것에는 특히 주의를 기울이고(선택적 지각), 그 밖의 것들은 건너뛴다. (→42쪽)

신상품
하나 사볼까?

A

기억에 남아 있는 것을 신용하기 때문에

TV 광고나 인터넷 광고, 버스나 지하철 광고 속 상품을 자주 보고 듣는 것을 친근하다고 느끼고, 나아가 '잘 팔리는 물건'이라고 단정 짓는 경향이 있다.

TV 광고나 인터넷 광고 등에서
자주 눈에 들어온 상품을
무심결에 사게 된다. 그 이유는 뭘까?

이용 가능성

A 기억에 남아 있는 것을 신뢰하기 때문에

'자주 눈에 띄었다', '임팩트가 강하다', '최근 들어 알게 되었다', '친구가 쓰고 있어서…'. 이러한 상품은 우리 뇌리에 강하게 남아 떠올리기 쉽다. 그 기억을 이용하여 선택할 가능성이 크므로 가격이나 품질에 대하여 자세히 따져보지 않고 직감에 의해 그 상품을 고르게 된다. 이렇듯 익숙한 것을 선택하는 의사결정 과정을 '이용 가능성 휴리스틱'이라고 부른다.

기업은 다양한 매체에 반복해서 광고를 내보냄으로써 구입으로 이어지게 하려고 노력한다.

떠올리기 쉬운 것을 사고 만다

● 떠올리기 쉽게 하기 위한 기업의 전략

'자주 보이게' 하기 위해서 기업은 TV 광고나 라디오 광고, 인터넷이나 SNS 광고, 지하철 광고, 길거리 간판, 전단지 등으로 소비자에게 다가가려고 한다. 인상에 남기 위해 '임팩트 있는' 광고를 내보내려고 기업은 매일 노력하고 있다.

반복함으로써 브랜딩에 도움이 된다

기업은 자신을 브랜딩하기 위해 떠올리기 쉽고 익숙한 이미지를 만들기 위해 궁리한다. 예를 들어 브랜드 로고의 통일, 징글 음악(사운드 로고)의 사용 등이다. 징글(Jingle)이란 TV CM송이나 라디오 광고에 흐르는 짧은 음악으로 브랜드에 대한 인상을 남기게 한다.

징글의 활용에 따라 기업이 친숙해질 수 있고 호감도가 높아진다. 상품의 경우 실제보다 더 많이 팔린다고 느낀다.

띠리리리리리~
띠리리리리리~
그러고 보니 항상 이 소리군…
윙~

음악을 반복해 들으면서 친숙함을 느낀다

● 몇 번이고 반복해서 듣는 음악은 브랜드를 친숙하게 만든다

이마트 해피송을 예로 들 수 있다. 곡 앞부분에는 '난난난난 랄랄라~~'만 반복되다가 후반에 "해피 해피 해피 맑은 날/우리 가족 손 잡고 함께 가요/이마트 행복해요/해피 해피 해피 이마트"가 나오는데 기업명과 함께 '해피'라는 단어와 음이 반복된다. 이렇게 같은 음악을 몇 번이고 반복해서 듣다보면 소비자는 기업과 브랜드에 대해 친숙해진다.

Q 왜 흥미로운 이야기만 귀에 들어올까?

3층 여성복
매장에서…
골프 매장
여름 세일
기간에…
길을 잃은
아동을…
골프!
가야지!
골프!!!!?

끊이지 않고
안내 방송이 흘러나오는
백화점 안에서
자신이 관심을 가지는
'골프'에 관한 이벤트는
분명하게 들을 수 있다.

백화점에서 흘러나오는 안내 방송. 대부분의 내용의 내용은 기억에 남지 않는다. 하지만 자신의 취미나 좋아하는 것에 관한 방송이 흘러나오면 귀가 쫑긋할 때가 많을 것이다.

예를 들어 골프에 관심이 있는 경우, '골프'에 관한 이벤트는 또렷하게 들릴 때가 있다. 사람은 흥미 있는 대상, 의식하는 대상에만 주의를 기울이는 선택적 지각이라는 능력을 가졌기 때문이다.

여러 사람이 대화를 나누는 시끄러운 파티장에서도 상대방의 이야기만을 알아들을 수 있다는 점에서 이러한 현상을 칵테일 파티 효과라고 부르는데, 반대로 말하자면 우리는 흥미 있는 정보에 대해서만 반응한다는 말이다.

이 칵테일 파티 효과도 선택적 지각의 하나로, 이용 가능성 휴리스틱으로 분류할 수 있다. 우편 전단지의 받는 사람에 '청담동에 사는 70대 여성 귀하'와 같이 대상을 간추린 표현이 쓰이는 것도 선택적 지각을 구사하여 눈에 띄게 하려는 사례다.

A 사람은 선택적으로 지각할 수 있기 때문에 #선택적 지각

주위의 대화는 머리에 들어오지 않는다

사람이 많아 시끌벅적한 상황 속에서 주위와 같은 크기의 목소리로 대화하고 있어도 상대방의 목소리는 또렷하게 들을 수 있다. 주변에서 들려오는 단편적인 정보는 자신이 이용 가능한 지식과 이어지지 않으면 흥미로운 것으로 인식되지 않는다.

Q 왜 확률에 휘둘리는가?

[대표성 휴리스틱]

바나나를 한 달 동안
매일 먹은 5명 중 4명이…
3kg 감량!!

바나나를 먹은 사람 중
4분의 3에 해당하는 비율로
살이 빠졌다는 정보에
충격을 받았다.

☑ 대표적인 것으로밖에 생각하지 않는다

사람은 대표적인 예만을 보고 사물을 판단하는 경향이 있다. '은행원은 성실하다'와 같이 단정짓는 것도 그중 하나의 예다. (→51쪽)

!
헉~
바나나
사러 가야지!

A

적은 샘플로 판단하기 때문에

5명으로는 대표성을 띄기에 적은 수로 바나나에 다이어트 효과가 있다고는 말할 수 없다. 그러나 4분의 3이라는 비율의 임팩트가 강하기 때문에 단정 짓고 만다.

대표성

A 적은 샘플로 판단하기 때문에 #소수의 법칙

앞서 바나나 다이어트의 예시에서 검증된 예는 고작 5건이었다. 시행한 회수가 절대적으로 모자라다.

그러나 사람은 치우친 결과가 나올 가능성을 무시하고 '바나나를 먹으면 살이 빠진다'라고 생각하게 된다. 이렇게 샘플의 수가 적어도 확률을 믿는 현상을 '소수의 법칙'이라고 부른다.

~들처럼
나에게도 남자친구를 주세요~
!?
부적
우연인데?
잘 부탁해!

● 가까운 예가 전체를 대표한다고 착각한다

예를 들면 친구 3명이 똑같은 '연애 부적'을 산 후에 남자친구가 생겨 행복한 나날을 보낼 때, '그 부적은 효과가 있어!' 하고 생각해서 부적을 샀다고 하자. 그러나 3명으로는 샘플의 수가 너무 적기 때문에 '부적으로 남자친구가 생겼다'라는 것은 단순히 우연에 의해 생긴 극단적인 결과다. 이것도 '소수의 법칙' 중 하나다.

전형적인 예가 전체를 나타낸다고 생각한다

대표적(전형적)인 것만을 보고 전체도 그럴 것이라고 결론 짓는 직관적인 사고방식을 '대표성 휴리스틱'이라고 한다.

대표성 휴리스틱에는 '소수의 법칙'의 예 이외에도 올바르게 계산하면 나오는 확률을 무시하고 대표적인 면만을 보고 판단하거나(→48쪽), 사람 혹은 물건의 한 면만을 보고 판단하는(→50쪽) 등의 것들이 있다.

모든 전후 사정을 다양한 정보를 가미하여 시스테마틱으로 생각하다 보면 시간도 수고로움도 너무 많이 든다. 따라서 사람은 대표적인 면만을 보고 판단을 내린다.

● 이유를 들어 틀린 확률을 믿는다

어느 조사에서 위암의 발생률을 조사한 결과, 인구 300명의 농촌은 도시보다 위암에 걸릴 확률이 높았다고 한다. 이 결과를 들었을 때 '시골에서는 음주나 흡연이 습관화되어 있고 의료 시설이 낙후했기 때문'이라고 생각하는 사람도 있을 것이다. 그러나 사실은 다르다. 이유는 단순한데, 이 농촌이 샘플의 수가 적어서 극단적인 결과가 나왔을 뿐이다. 사람은 어떤 물건에 이유를 달려고 하는 경향이 있다.

대표성

Q 작년에 활약한 선수는 올해는 반드시 부진에 빠진다?

잊고 있는 것은…
평균으로의
회귀!
●●●선수, 심각한 부진!
10경기 연속 득점에서 갑자기 20경기 연속 무득점!
작년의 득점권 타율 3할의 기세는 어디로?
10+20=30(시합)
10/30=0.3(3할)
작년과 같은 성적!

※매 경기 득점권에 주자가 있는 타석 수를 1회로 가정한다

작년의 득점권 타율 3할의 선수가 시즌 개막 후 10경기 연속으로 타점을 올렸다. 그 후 20경기 연속으로 무득점이었을 경우, 이 선수는 심각한 부진이라고 평가받을지도 모른다. 그러나 실제로는 합계 30경기 중 10경기에서 득점을 올렸으므로 득점권 타율은 3할로, 작년과 다르지 않다. 이 선수의 평균값에 수렴한 것이다. 이러한 자연의 섭리를 '평균으로의 회귀'라고 말한다.

'2년 차 징크스'에도 비슷한 이유를 들 수 있다. 진짜 실력은 그 정도가 아닌데, 첫해에 특별한 성적을 올렸을 가능성이 있다. 그러나 사람은 좋은 결과와 특별한 일이 우연히 이어질 때, 그것이 일반적이라고 생각한다. 이것은 '평균으로의 회귀'를 잊고 대표적인 샘플만으로 판단함으로써 일어나는 대표성 휴리스틱의 사례다.

A 결과가 평균값에 수렴하는 사실을 잊고 있을 뿐 #평균으로 회귀

혼내면 성적이 오를까?

시험 점수가 낮은 학생을 꾸짖었더니 다음 시험에서 점수가 올랐다.

이 경우 '혼내는 편이 좋다'라는 결론은 잘못된 해석으로, 평균으로의 회귀를 무시하고 있다. 시험 점수가 평균으로 회귀한다고 생각하면 점수가 낮은 학생은 다음 시험에서 지금보다도 고득점을 얻을 가능성이 크고, 반대로 점수가 높았던 학생은 낮은 점수를 얻을 가능성이 크다는 사실을 알 수 있다. 마찬가지로 '칭찬도 불필요하다'는 것도 잘못된 해석인데, 칭찬하든 혼내든 고득점을 얻는 학생의 점수가 떨어지는 것은 자연스러운 현상이다.

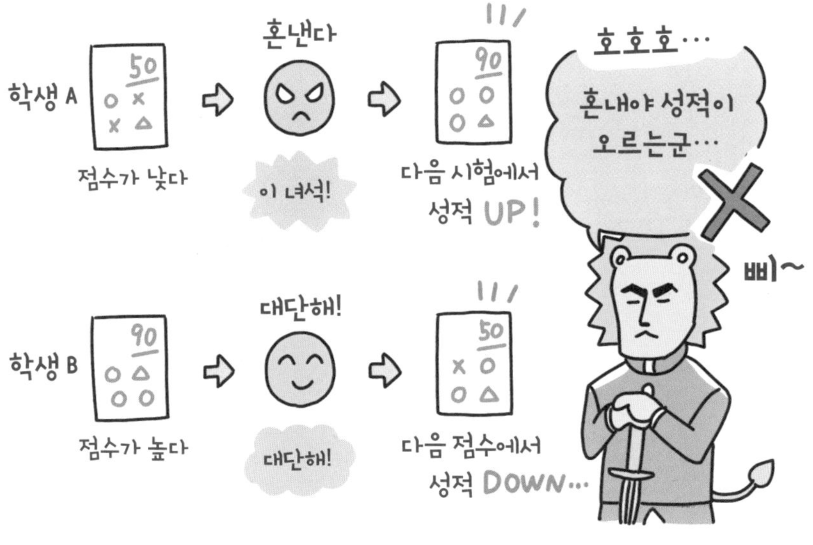

둘 다 자기 실력의 평균점으로 돌아갈 뿐

대표성

Q 왜 기대와 다른 일이 벌어지는가?

은행원과 소개팅 약속을 잡았는데, 상대방이 너무나 편안한 차림이어서 알아보지 못했다. 이와 비슷한 경험은 한 번쯤 있을 것이다. '은행원은 성실하고 딱딱한 성격이라 옷차림도 단정하다'라는 보편화된 인식으로 은행원의 모습을 상상해버렸기 때문에 생긴 일이다. 이렇듯 전형적(대표적)인 이미지를 중시하는 사고도 '대표성 휴리스틱'의 한 가지다.

오래 기다리셨습다!!
건들건들~
!!
깔끔!
은행원이라고
들어서
이런 느낌일 줄…

대표적인 예시로만 생각하기 때문에 이미지와 차이가 생긴다

A 전형적인 예시만으로 이미지를 만들기 때문에 #스테레오 타입

사람은 스테레오 타입으로 판단한다

이 은행원에 대해서 'A: 남성, B: 30세, C: 은행원, D: 대구 출신, E: 드라이브를 좋아함'과 같은 많은 정보를 사전에 알고 있었다고 가정해보자. 그렇다고 해도 은행원이나 대구 출신 등 극히 일부의 정보만으로 이미지를 떠올려버리게 된다.

이렇듯 어떤 그룹의 특징을 단순화한 일반적 이미지를 '스테레오 타입'이라고 한다. 예를 들어 '한국인=성격이 급해 행동이 매우 빠르다', '일본인=자기주장이 적고 꼼꼼하다', '미국인=사교적이고 자기주장이 강하다' 등이 있다.

• 전형적인 면만을 보는 스테레오 타입 •

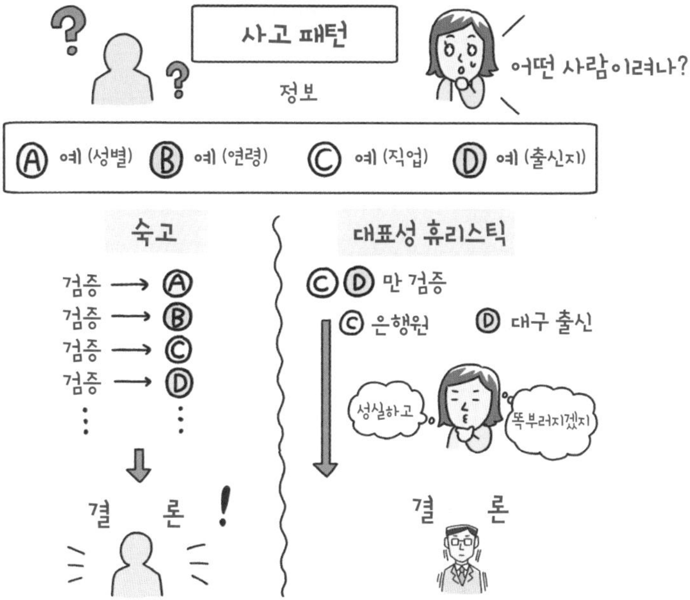

차이(gap)가 생기기 쉽다

대표성

Q 좋은 인상을 남기는 데 중요한 것은?

초면인 사람에게 인사를 하러 갈 때, 사전에 상대방을 파악하고 선물을 준비해 가서 처음에는 큰 목소리로 인사를 한다. 이것은 '처음 받은 좋은 인상이 계속 남는다'라는 것을 무의식적으로 이해하고 취하는 행동이다. 사람은 첫인상에 크게 영향을 받는다. 이것은 '초두 효과'라고 하는데, 대표성 휴리스틱의 하나다.

시아버지
19×△년 ○월 □일생 A형
○×상사 2과 본부장
좋아하는 것
·장기 ·골프
·고양이 ·주황색
예비 시댁에 처음 인사하러 갈 때 메모
...
좋은 인상을 주기 위한 사전 조사는 완벽!!
지나친데?!

첫 대면에서 좋은 인상을 남기기 위해 상대방이 좋아할 화젯거리를 준비한다

A 처음과 끝이 중요하다 #초두 효과 #피크 엔드 법칙

기억에 남는 포인트를 짚어둔다

한편, 사람들이 어떤 일을 떠올릴 때 작용하는 것이 '피크 엔드 법칙'이다. 이것은 '피크(peak)', 다시 말해 절정 때와 마지막 시점 '엔드(end)'가 추억 전체에 대한 인상을 좌우한다는 이론이다. 일반적으로 가장 무르익었을 때의 상황과 마지막 이외는 인간의 기억에 잘 남지 않는다고도 한다. 이것 역시 대표적인 일만 보고 판단하는 대표성 휴리스틱의 하나다.

○×님
퇴직 파티
마지막까지
좋은
팀원이였어
…
꾸벅
오랜 기간 감사했습니다!

● **끝이 좋으면 모든 것이 좋다**

발표나 영업하는 자리 등에서는 처음부터 끝의 사이에 여러 가지 말과 행동이 존재한다. 가장 고조된 상황은 인상에 남지만, 마지막 이야기도 인상에 잘 남는 법이다. 이 때문에 마무리 인사는 제대로 하는 것이 중요하다. 물론 그림과 같이 퇴직 인사 자리에서 좋은 인상을 남기면 그 이미지는 계속 이어진다.

Q 왜 반대의견은 받아들여지지 않는가?

고착성 휴리스틱

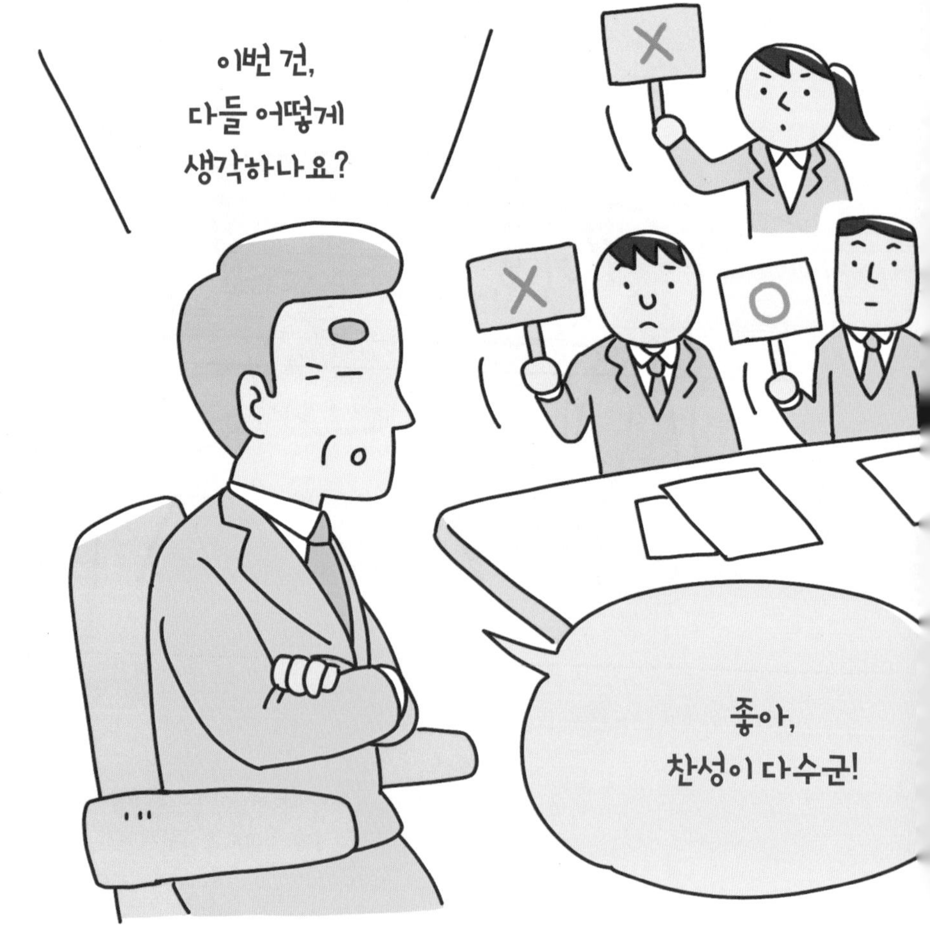
이번 건,
다들 어떻게
생각하나요?
좋아,
찬성이 다수군!

☑ 같은 내용이라도 어떻게 말하고 쓰는지에 따라 선택이 달라진다

완전히 똑같은 내용이라도 어떻게 말하고 쓰는지에 따라 느낌이 크게 달라져서 그 이후의 판단에 영향을 미친다(프레이밍 효과). (→64쪽)

반대가
더 많지 않나요?

자신이 낸 의견에 대해 반대를 표명하는 사람을 보지 못한다. 왜일까?

A

제 입맛에 맞는 정보만 모으기 때문에

사람은 자기 생각을 긍정할 이유는 적극적으로 찾지만(고착), 반대의견은 쉽게 받아들이지 않는 경향이 있다.

고착성

A 제 입맛에 맞는 정보만 모으기 때문에

사람은 자기 의견에 대한 반증 자료를 모으려고 하지 않고, 다른 사람이 제시해도 무시하는 경향이 있다.

앞 페이지의 예와 같이 찬성 의견만을 평가하여 결정을 내리는 일은 자주 있는 일이다. 이렇듯 자신의 생각으로만 한정하여 단정짓고 자신에게 긍정적인 정보만을 모으며 편향된 사고를 하는 것을 '확증 바이어스'라고 부른다.

● 호불호에 대한 고착도 판단에 영향을 미친다

사물의 판단에는 호불호도 크게 영향을 미친다. 좋아하는 것의 장점은 무의식적으로 찾고, 단점은 그다지 찾지 않는다. 반대로 싫어하는 것은 단점을 찾고 장점은 잘 찾지 않는다. 자신이 들인 시간 등에도 무게를 두고 판단을 내린다. 이것도 확증 바이어스의 하나로 꼽을 수 있다.

사람은 문맥과 상황에 고착된다

고착성 휴리스틱에는 '프레이밍 효과'라는 것이 있다(→64쪽). 똑같은 일인데도 어떻게 말하고 쓰는지에 따라 받아들이는 방식도 달라지고 선택도 달라지는 것을 말한다.

또 '앵커링 효과'는 프레이밍 효과의 하나다(→67쪽). 예를 들어 실제 판매 가격 옆에 희망 소비자가가 쓰여 있는 경우를 들 수 있다. 이때 희망 소비자가가 앵커(닻)가 되고, 앵커에 이끌려 판매 가격을 싸다고 느끼게 된다.

이렇듯 상황과 문맥에 강하게 영향을 받는 것이 고착성 휴리스틱의 특징이다.

• 프레이밍과 앵커링의 예 •

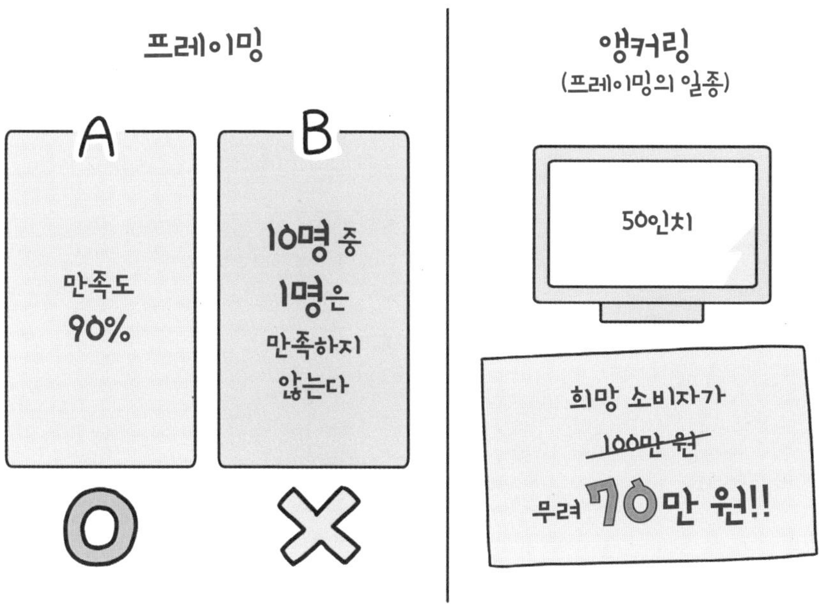

A 정보에서는 긍정적인 인상을,
B 정보에서는 부정적으로 느끼는 사람이 많다

이때 희망 소비자가인
100만 원이 앵커(닻)

고착성

Q '정확한 평가'를 내릴 수 없는 이유는?

반짝!
A라고 합니다!
또박또박
인상이 좋군!
채용할까…
사실 필기시험은 형편없음
A
15
눈에 들어오지 않는다

똑부러진 좋은 인상에 편향되어 다른 면도 뛰어나다고 판단하고 만다

'단정한 사람=능력도 좋다', '재미있는 사람=성격도 좋다', '귀여운 얼굴=성격도 귀염성 있다' 인물과 상황을 평가할 때, 어떠한 면이 뛰어나면 다른 면도 뛰어날 거라고 생각해 전체적으로 높게 평가하지는 않는가? 반대로 부정적인 한 면을 보고 전체를 부정적으로 평가해버리는 일도 일어나기 마련이다.

A ‘하나의 평가=전체 평가’라고 생각해버리기 때문에 #헤일로 효과

나도 사야지~!
꺄악~
신상품!!
이거 진짜 맛있어요!

인기 연예인의 좋은 인상이 그대로 상품의 인상에 반영된다.
따라서 유명인이 광고에 기용되는 것이다.

• ‘연예인의 이미지=상품의 이미지’라고 착각한다

외모

직책

학력

인플루언서의 리뷰

친절함을 느낀 경험

• 자주 일어나는 헤일로 효과

사람은 눈에 띄는 특징에 이끌려(고착되어) 다른 특징에 대한 정확한 평가를 게을리 한다. 이러한 현상은 ‘헤일로 효과’라고 하며, 고착성 휴리스틱의 하나를 이룬다. 광고에 인기 연예인이 기용되는 것도 헤일로 효과를 이용하기 위해서다. 상품 자체의 품질은 둘째치고, 연예인이 가진 이미지가 좋으면 상품도 좋은 이미지를 얻게 된다.

고착성

Q 인간은 단정적인 생각만으로도 효과를 얻을 수 있다?

이렇게 붙여야지!
프리 미엄 와인
100,000원
프리 미엄 와인
B
30,000원
맛있다~
역시 비싼 와인이야!

단정적인 생각으로 인해
실제로 맛있다고 느낀다

위 그림에서는 3만 원 하는 와인 병에 10만 원의 와인 라벨이 붙어있다. 내용물은 당연히 값싼 와인인데 마시는 사람은 만족한 기색이다.

예를 들어 같은 와인이라도 가격이 비싸다는 것만으로 진짜로 맛있다고 느끼는 경우가 있다. 인간의 뇌는 단정적인 생각으로 인해 실제로 그렇게 느낀다. 사실은 신약의 효과를 검증할 때, 효능이 없는 위약(플라세보)과 신약을 주고 그 효과를 검증하면, 위약을 투여한 그룹도 증상이 개선되었다는 결과가 다수 나온다. 이렇듯 심리적 요인이 지각에 영향을 주는 현상은 '플라세보 효과'라고 하며, 단정적 생각에 고착되는 고착성 휴리스틱의 하나다. 자기 자신이 좋아하거나 올바르다고 느낀 것을 긍정하기 때문에 인지 바이어스(편견이나 선입견)가 생긴다. 비싼 음식이나 비싼 다이어트약 등이 이 효과로 인해 높은 만족도를 얻는 경우는 적지 않다.

A 심리적 요인이 긍정적인 효과를 준다 #플라세보 효과

의사 선생님,
감사합니다!
A
B
아니~
그런 게
아닌데~
아니 그게
아니고…
두근두근

● **의료 현장에서 검증하여 발견되었다**

같은 질병을 앓는 환자 A와 B가 있다. A는 외과 수술로 치료하고 B는 개복만 하고 치료는 하지 않았다. 그 결과 A는 건강을 회복하고, 치료도 하지 않는 B까지 어쩐 일인지 회복했다. 이것은 B 자기 자신이 치료되었다라고 인식함에 따라 생긴 플라세보 효과에 의해 벌어진 일이다.

Q 손해 볼 줄 알면서… 그렇게 행동하는 이유는?

대용량 오리지널
고사양 PC
조금만 더 하면
완성이다!
휴~
더 높은 사양의
PC 등장!
고성능에
작기까지
대용량 &
저렴한 가격
으윽!
지금까지의 노력을
물거품으로 만들 수는 없지…

지금까지의 노력·비용을 생각하면
손해를 본다는 사실을 알면서도 그만두지 못한다

이미 투입하여 회수할 수 없는 비용을 '매몰 비용(sank cost)'이라고 한다. 그리고 투자한 돈이나 노력, 시간을 '아깝다'라고 생각해, 손해를 본다는 사실을 알면서도 그만두지 못하는 것을 '매몰 비용 효과'라고 부른다.

예를 들어 그 나름대로 자금과 세월을 쏟아부어 고성능 PC를 개발하고 있었는데 완성 전에 더욱 높은 사양의 PC가 다른 회사에서 더 저렴한 가격으로 등장하면 합계로 보아 중지하는 편이 나은데도 개발을 계속하며 더욱 손실을 크게 만드는 경우가 이에 해당한다.

옳다고 생각해 추진해온 일을 긍정하고 싶은 마음과 지금껏 들인 노력·비용을 고집하여 중지해야 마땅할 일인데도 좀처럼 실행에 옮기지 못하는 것이 인간의 성질이다. 이것도 고착성 휴리스틱의 하나다.

A 과거의 노력에 집착하기 때문에
#매몰 비용 효과

이렇게나
쏟아부었는데
인제 와서
멈출 순 없어
...
텅텅

● 투자와 도박에도 매몰 비용 효과가

투자에 대해서도 통용된다. 현시점에서 보아 주가가 오를지 어떨지를 생각하는 것이 합리적인데, 자신이 투자한 금액에 집착하게 되어 팔지 못하고 다른 주식을 사지 못한다. 도박의 세계에서도 같은데, 자신이 지금껏 쓴 금액을 회수할 확률에도 미치지 못하는 데도 그만두지 못한다.

고착성

Q 표현 방법만으로 사람의 행동을 바꿀 수 있다?

우리 회사가
살아남을 가능성은
별로 없군…
흐음…
우리 회사가
살아남을 가능성은
아주 없는 것은
아니다!
와아!

말의 내용은 거의 같지만
직원의 반응은 전혀 다르다

경영난에 빠진 기업의 사장이 월례 회의에서 직원들에게 현재 상황을 보고하고 있다. '별로 없다'라는 부정적인 표현을 '아주 없는 것은 아니다'라고 긍정의 표현으로 바꿔 말하기만 해도 어두운 소식이 밝은 느낌으로 들려온다.

이렇게 표현의 방식이 바뀌면 이미지가 바뀌는 현상을 '프레이밍 효과(문맥 효과)'라고 한다. 이 문맥에 고착되어 합리적 판단을 내릴 수 없게 되는 고착성 휴리스틱에 의해 일어나는 현상이다. 이 프레이밍 효과는 할인율과 할인 금액의 표기나 광고의 호소력 향상 등에 폭넓게 이용되고 있다. 참고로 가격이 비싼 물건은 할인율로 표시하고, 싼 것은 금액 표시로 하는 편이 효과가 높다고 일컬어진다.

A 말하는 방식 하나로 결과는 크게 달라진다 #프레이밍 효과

숫자로 나타내면 더욱 효과적으로!!
타우린
1g 배합
타우린
1,000mg
배합
이쪽이
더 많아 보여!
…어라?

- **1g과 1,000mg, 어느 쪽이 더 많아 보이는가?**

영양제 음료 등에서 자주 보는 '타우린 1,000mg'과 같은 표기도 마찬가지다. '1g'보다 많다고 느껴지지 않는가? 실제로는 같은 분량이다. 성분의 질량처럼 구체적으로 떠올리기 어려운 것은 단순히 숫자가 큰 쪽이 많게(효과가 좋게) 느껴진다.

Q 싸지 않은데 싸다고 느끼는 이유는?

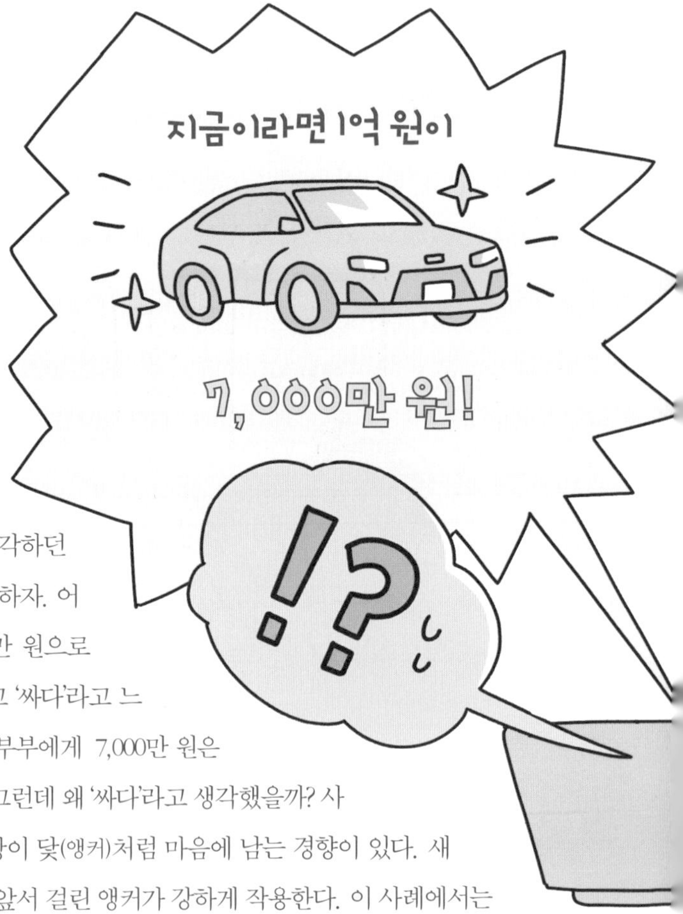
지금이라면 1억 원이
7,000만 원!
!?

비싸서 살 수 없다고 생각하던 1억 원짜리 차가 있다고 하자. 어느 웹사이트에서 7,000만 원으로 팔고 있는 것을 발견하고 '싸다'라고 느꼈다. 하지만 위 그림의 부부에게 7,000만 원은 연봉과 맞먹는 액수다. 그런데 왜 '싸다'라고 생각했을까? 사람에게는 처음 받은 인상이 닻(앵커)처럼 마음에 남는 경향이 있다. 새로운 정보를 처리할 때, 앞서 걸린 앵커가 강하게 작용한다. 이 사례에서는 1억 원이 닻=기준이 되어 웹사이트에 올라온 가격을 '싸다'라고 느끼게 만든 셈이다. 이렇듯 처음에 제시된 정보가 뒤따르는 판단에 영향을 미치는 현상을 **'앵커링 효과'**라고 하는데, 이것도 프레이밍 효과 중 하나다. **고착성 휴리스틱**에 의해 생겨난 효과다.

A 앵커가 되는 정보에 영향을 받기 때문에 #앵커링 효과

싸다!
어쩌지~ 지를까~?
휴우~
여보…
1년 치
연봉이야,
그거

아내의 반응을 보면 알 수 있듯이
7,000만 원이라는 금액에 대한
두 사람의 접근 방식은 전혀 다르다

Q 선택지가 2개일 때보다 3개일 때 고르기 쉬운 이유는?

음~
어느 쪽으로
할까…
아주 매콤
or
아주 달콤
망설여지네…
역시
보통이지!
아주 매콤
or
보통
or
아주 달콤
바로
결정!!

극단적인 2개의 선택지 '아주 매콤' 아니면 '아주 달콤'
'보통'이 등장한 순간, 바로 결정

'아주 매콤', '보통', '아주 달콤'의 세 종류 카레가 있는 경우 많은 사람이 '보통'을 고른다. 두 개의 선택지라면 어느 쪽을 고를지 망설이기 십상인데, 선택지가 세 개가 되면 맨 가운데가 선택받기 쉽다. 인간에게는 극단적인 것을 회피하는 경향이 있기 때문이다. 이 '극단의 회피 효과'는 고착성 휴리스틱에 의해 일어난다.

A 사람은 양극단을 싫어하기 때문에 #극단의 회피 효과

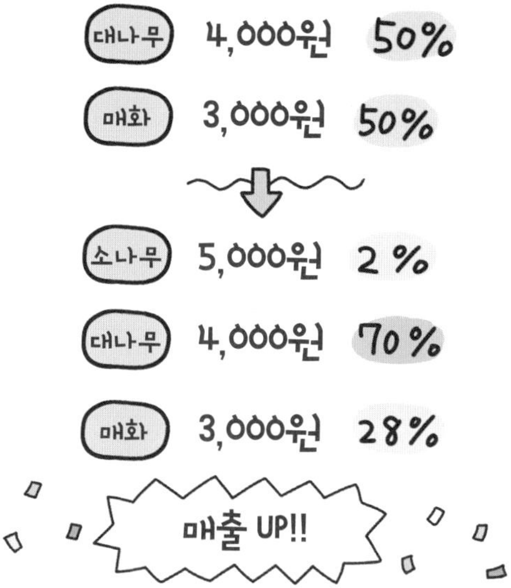

이러한 효과를 장사에 활용할 수도 있다.

예를 들어 장어 덮밥집에는 보통 소나무·대나무·매화라는 메뉴로 구분하는데, 소나무는 너무 사치스럽고 매화는 너무 부족하게 느껴져 많은 사람이 무난한 대나무를 선택한다. 소나무라는 중간 가격의 메뉴를 넣음으로써 저렴한 매화의 주문이 줄어들고, 매화보다 비싼 대나무의 주문이 늘어난다.

이 '3개의 선택지'와 같은 문맥을 통해 골랐으면 하는 선택지가 매력적으로 보이는 현상을 미끼 효과라고 한다.

● 미끼를 써서 선택받기 쉽게 한다

매화와 대나무뿐이었던 메뉴에 고가의 소나무가 추가됨으로써 매화가 극단적으로 사고, 소나무는 극단적으로 비싸게 느껴지게 되면서 결과적으로 대나무를 선택하는 사람이 증가했다.

시간적 선호와 사회적 선호

심리 효과와 휴리스틱

바이어스를 일으키는 휴리스틱을 이용 가능성, 대표성, 고착성의 세 가지로 분류하여 설명했는데, 원인을 분명히 분류할 수 없는 심리 효과도 있다. 예를 들면 헤일로 효과(→59쪽)는 고착성으로 분류했지만, 이용 가능성의 면도 있다. 선택적 지각에 의한 칵테일 파티 효과(→43쪽)도 이용 가능성으로 분류했지만, '좋아하는 정보를 적극적으로 모으는' 고착성의 면도 무시할 수 없다.

여러 가지로 분류할 수 있는 효과의 예

헤일로 효과

- **고착성**(유명인의 좋은 면에 고착→59쪽)
- **이용 가능성**(유명인은 익숙해서 떠올리기 쉽다)

칵테일 파티 효과

- **고착성**(좋아하는 정보를 적극적으로 모은다)
- **이용 가능성**(흥미로운 정보는 지각하기 쉽다→42쪽)

플라세보 효과

- **고착성**(굳게 믿는다→60쪽)
- **이용 가능성**(자신이 흥미를 느끼는 것만을 지각한다)

미끼를 써서 선택받기 쉽게 한다

직감으로 생각하는 휴리스틱에는 이용 가능성, 대표성, 고착성의 세 가지로 분류되지 않는 것도 있다. 시간적 선호와 사회적 선호다.

시간적 선호란, 사람은 미래보다 현재를 중시하는 경향이 있다는 것을 말한다. 사람은 미래에 얻을 수 있는 큰 이익보다도 지금 당장 얻을 수 있는 즐거움을 선택한다.

(→72쪽)

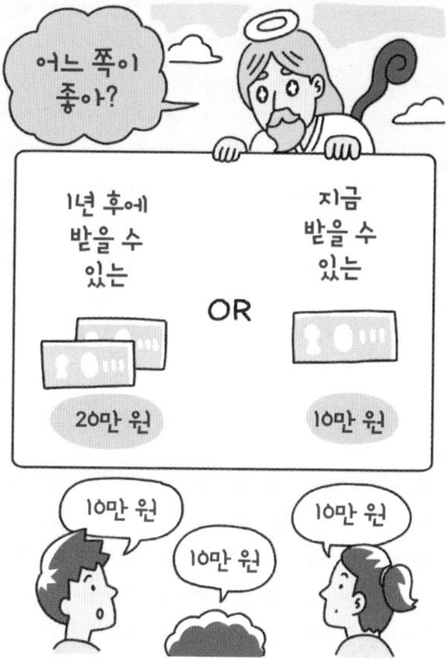

어느 쪽이 좋아?
1년 후에 받을 수 있는
지금 받을 수 있는
OR
20만 원
10만 원
10만 원
10만 원
10만 원

주위를 배려하는 '사회적 선호'도 비합리적 미끼를 써서 선택받기 쉽게 한다

사회적 선호란 타인을 배려하는 행위다. 합리적으로 생각하면 자신만 생각해서 행동할 텐데, 사람은 타인도 소중히 생각하는 성질을 가지고 있어서 자기 자신이 손해를 보는 비합리적인 행동을 취하기도 한다.

또 주위의 시선을 의식하여 자기 행동을 결정하는 것도 사회적 선호의 하나다. 이렇게 해야 하는 것이 사회의 상식, 다른 사람들과 같으면 안심된다는 사고방식이다.

(→76쪽)

모두 다 같이 하자~
남들과 다른 게 좋지 않아?
다들 보고 있어!
지금은 손해지만 되돌아 올 거야~
어떻게 하지…!

Q 의사결정은 시간과 관련이 있다?

[시간적 선호]

한잔하러 갑시다!
으음~

내일 거래처에 제출할 자료 작성이 아직 끝나지 않았다.
친한 동료가 한잔하러 가자고 했을 때 어떻게 하겠는가?

A 거절하고 업무를 우선해서 야근한다

B 한잔하러 간다('내일만 하면 끝나겠지' 하고 생각한다)

WIN!
짠~
건배
Ⓐ
Ⓑ

완성도 높은
자료를 만들어냄으로써
거래처로부터 좋은 평가를
받을지도 모른다

= 미래의 효용

친한 동료와
한잔하러 가서 평소에
쌓인 스트레스를 풀고
즐거운 시간을 보낼 수
있을지도 모른다

= 눈앞의 효용

A

사람은 '지금'을 중시한다

사람은 미래의 이점(거래처에 인정받는 것)보다도 지금의 이점(술자리)의 즐거움을 더 크게 느끼는 경향이 있다.

시간적 선호

A 사람은 '지금'을 중시한다

앞 페이지의 예에서는 '거래처와의 약속을 지키고 신뢰를 쌓아나가는 것'이 미래에는 메리트(효용)가 높음을 알면서도 많은 사람이 눈앞의 '술자리'라는 즐거움(효용)을 선택하고 만다. 사실 인간이 효용의 크기를 느낄 때, 현재에 가까울수록 크게 느끼고 미래의 일일수록 작게 느낀다. 이것을 '시간적 선호'라고 부르는데, 지금의 효용을 과대하게 평가하는 형상을 '현재 바이어스'라고 부른다.

시간과 효용(메리트)의 관계성

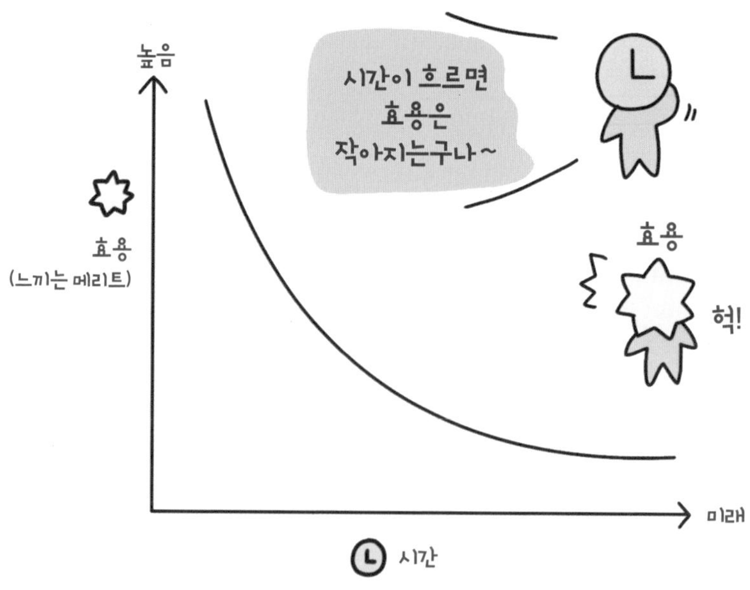

그래프가 나타내듯이 느끼는 효용의 감소 폭은
현재에 가까울수록 크고 멀수록 작아진다.

'지금'에 가까울수록 효용은 커진다! #현재 바이어스

'지금 당장 받을 수 있는 100만 원과 1년 후에 받을 수 있는 200만 원'을 비교한 경우, 연이율 100%(1년 사이에 2배)인 후자를 선택하는 것이 합리적이다. 그러나 실제로 많은 사람이 고르는 것은 전자인 100만 원이다. 냉정하게 생각하면 어느 쪽이 합리적인지는 알 수 있겠지만, 실제로는 현재 바이어스가 작용하여 지금 당장 받을 수 있는 100만 원을 과대평가하게 된다. 사람은 지금 당장 손에 들어오는 효용(돈이나 즐거움)에 큰 가치를 찾아낸다.

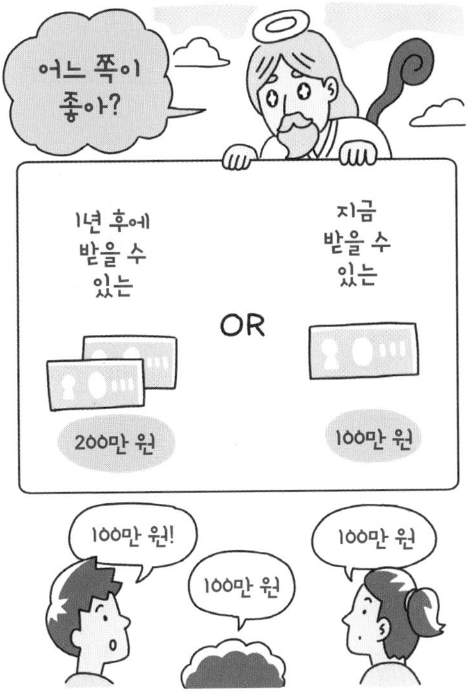

어느 쪽이 좋아?
1년 후에 받을 수 있는
지금 받을 수 있는
OR
200만 원
100만 원
100만 원!
100만 원
100만 원

● **1년 후의 200만 원보다 오늘의 100만 원이 더 기쁘다?**

'지금 당장 받을 수 있는 100만 원과 1년 후에 받을 수 있는 200만 원', 당신은 어느 쪽을 고르겠는가? 합리적으로 생각하면 후자를 고를 것이다. 그러나 실제로 많은 사람이 고르는 것은 전자다. 이것도 현재 바이어스가 작용한다는 증거다.

Q 사람은 마음대로 결정을 내릴 수 없다?

[사회적 선호]

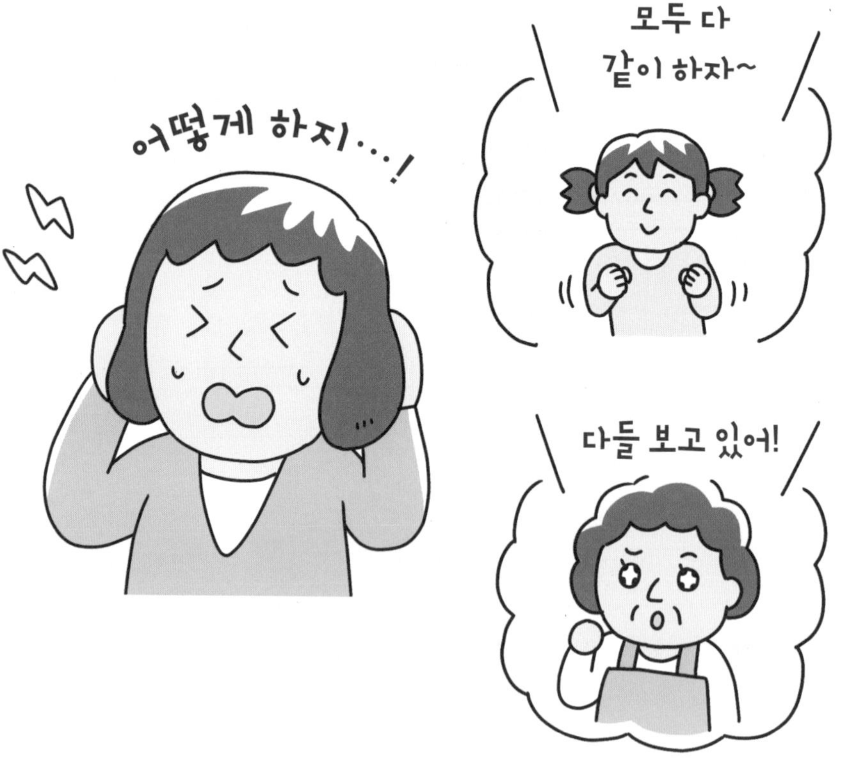
어떻게 하지…!
모두 다 같이 하자~
다들 보고 있어!

전통적인 경제학이 가정한 인간의 특징 중 하나가 '초이기적'이라는 특징이다. 자신만 생각하고 타인은 고려하지 않는 성질인데, 그 반대로 실제 인간의 행동을 특징 지은 것이 '사회적 선호'다. 의사결정을 내릴 때, 주변 의견도 받아들이거나 말하지 않아도 알아서 고려하거나, 나아가서는 주변과 비교하기도 한다. 항상 타인을 의식하는 인간 특유의 행동을 고려하는 것도 행동경제학의 특징 중 하나다.

남들과 다른 게
좋지 않아?

A

사람은 항상 타인을 의식한다

다른 사람과 같은 것을 가지면 안심하거나, 반대로 남들과 다른 것을 가짐으로써 우월감에 젖는 등 사람은 항상 타인을 의식한다.

지금은 손해지만
되돌아 올 거야~

✓ 다른 사람을 배려한다

모르는 사람이 어려움에 부닥치면 도움을 주거나, 눈앞의 사람을 위해 수고를 마다하지 않는 등, 사람은 바로 보답이 없는 데도 행동할 때가 있다. (→81쪽)

A 사람은 항상 타인을 의식한다 #스노브 효과

흰색이나 검은색, 은색 자동차가 압도적으로 많은 가운데 노란색이나 빨간색과 같은 드문 색상의 자동차를 판매점에서 볼 수 있다. 이것은 '남들과는 다른 것을 원한다'라는 니즈와 잘 부합된다. 이렇듯 다른 사람들과 똑같은 것을 피하려는 마음의 움직임은 '스노브 효과'라고 불린다.

이로 인해 실제 시장에서는 손에 넣기 힘든 것일수록 수요가 높아지고, 쉽게 손에 넣을 수 있는 물건일수록 수요가 낮아지기도 한다.

최근 검은색 자동차가 유행하고 있어서
나는 노란색으로 했어!
옷도
노란색이다!!

다른 사람들과 같은 행동을 취한다
#동조 효과 #밴드왜건 효과

모두 함께
건너면
무섭지 않아!

자기 생각을 주변에 맞추거나 주변 사람과 같은 행동을 취하려고 하는 것을 동조 효과나 밴드왜건 효과라고 한다. '신호등이 빨간불일 때도 모두 함께 건너면 무섭지 않다'와 같이 가령 잘못된 행동이라고 하더라도 주변에 맞추는 것을 우선시하게 되는 경우도 있다.

다른 사람보다 비싼 물건을 사서 특별한 느낌을 받는다
#베블런 효과

우후후~
나의
귀여운
벤츠~

상품의 실용적인 효용뿐만 아니라 가격이나 특별한 느낌에 의해 그 상품을 손에 넣는 행위에 가치를 찾는 것을 베블런 효과라고 한다. 소비자의 자기 과시 욕구를 자극하는 고급 자동차나 명품 가방이 잘 팔리는 것도 이 때문이다.

사회적 선호

Q 왜 타인을 친절하게 대하는가?

이거,
자녀분한테
드릴까요?
이거랑 그거
기념품이에요!
여기요!
짠!
짜잔!
핑크퐁
아기상어
그리고~
사탕도
먹을래요?
아, 네!
대단하신
분이야…

오늘 처음 만난 상대인데도
돌아가는 길에 선물을 주려고 하고 있다.
왜 사람은 친절하게 대하는 걸까?

A 친절은 자신에게 돌아온다고 생각하기 때문에! #호혜성

음식을 대접하거나 선물을 주거나 지인에게 친절한 행동을 하는 것은 '호혜성'이 작용하기 때문이다. 호혜성이란 스스로 희생(비용)을 지불하고 보답을 원하는 심리적 성질을 말하는데, 상대방으로부터 보답이 있을 것이라고 가정한다.

또 왼쪽 그림과 같은 경우에도 호혜성이 작용한다는 사실을 알 수 있다. 이것을 특히 '간접 호혜성'이라고 하는데, 사람은 자신이 친절하게 행동하면 그것을 본 누군가가 자신에게 친절을 베풀지도 모른다고 생각하는 것이다. 그야말로 '오는 정이 있어야 가는 정이 있다'를 나타낸 셈이다.

보너스
200만 원
어라?
같은 금액이라도 효용이 다르다!
해냈다! 신난다!
성과급
170만 원
상여금
30만 원
효용 대

● '반보성'을 이용하여 직원의 사기를 북돋는다

200만 원의 보너스를 지급할 때, 월급명세서에 170만 원의 성과급 30만 원의 상여금으로 항목을 나누면 직원의 사기가 올라간다. 상여금과 성과급은 근로자에게 동기부여를 주기 위한 것이지만 성과급은 연봉에 포함되지 않은 금액이기 때문에 직원 입장에서는 보상을 확실히 받았다 생각하며 열심히 하면 되돌아 온다는 느낌을 받게 된다. 이러한 성질을 호혜성 중에서도 특히 **'반보성'**이라고 부른다.

사회적 선호

Q 보답이 없어도 친절하게 대할 수 있는가?

너희 두 명 용돈이야~
5000
5000
형
나 혼자
다 쓸까…
동생
그러면 안 돼!!
자,
여기!
5000
5000
고마워~

어느 형제의 형이 아버지로부터 용돈으로 1만 원을 받았다.
동생은 이 사실을 모르는 데도 형은 절반인 5,000원을 내밀었다.
대체 왜일까?

A 친절하게 대함으로써 자신의 효용도 높아진다 #이타성

왼쪽 예를 언뜻 보면 형이 어린 동생을 생각하는 것은 당연하다고 생각할지도 모르지만, 형제가 아니라도 이러한 일이 일어난다. 이것은 '독재자 게임'이라는 실험으로 설명할 수 있다. 이 실험은 완벽한 타인 사이인 A와 B 사이에서 A가 돈을 받으면 아무것도 모르는 B에게도 돈을 분배한다는 것이다. 혼자 차지하는 편이 이득인데도 A는 스스로 손해를 보는 셈이다.

이것은 인간에게 갖춰진 **'이타성'**에 의한 행동이다. 상대방의 효용이 높아지는 것을 순수하게 기뻐한다는 성질로, 보답을 원하지 않는다는 점에서 호혜성과는 다르다.

'2명이 나누는 것을 조건으로 1만 원을 주겠다'라고 아버지가 말했을 때, 형이 9,900원을 가지고 동생에게 100원 을 주면 형의 이득이 가장 커진다. 동생도 '안 받는 것보다는 낫다'라고 생각할 것이다. 그러나 동생이 질투할 것을 걱정하거나 죄책감을 느끼는 형은 5,000원을 내밀게 된다.

3

CHAPTER

의사결정의 구조

전망 이론

제3장에서 소개하는 '전망 이론'은 행동경제학에서 가장 대표적인 이론으로, 이 이론을 고안한 대니얼 카너먼(→29쪽)은 2002년에 노벨경제학상을 수상했다. 전망 이론이란, 예를 들어 투자와 같이 선택에 득실이나 확률이 관계된 불확실한 상황에서 인간이 어떠한 과정을 거쳐 의사결정을 내리는가를 설명하는 이론이다. 실제로는 다음에 제시된 두 가지 단계를 밟아 최종적으로 행동을 결정한다.

의사결정의 프로세스

STEP 1 편집 단계

갖고 싶지만 참아야지!!
20만 원
어서 오세요~
20만 원

의사결정의 전 단계로 전처리라고도 불린다. 자신에게 주어진 선택지를 확인하여 기준이 되는 '참조점'이 정해지고, 다음 단계(평가 단계)로 나아간다. 문맥에 영향을 받는다

전처리 100쪽

STEP 2 평가 단계

10,000원 잃었다!!
10,000원 주웠다!
손해
>
이득

괜찮을까?
성공률은 99%인 수술입니다.

득실을 가늠한다

가치 함수 86쪽

편집 단계에서 결정된 참조점을 기준으로 각 선택지를 평가하는 단계

확률을 계산한다

확률 가중 함수 96쪽

선택하는데 있어서 관계된 각 사건이 어느 정도의 확률로 일어날지를 생각하는 단계

이거 주세요 …
복권에 당첨!
두둥~
20만 원
20만 원

행동의 결정!

편집 단계와 평가 단계를 거쳐 어느 선택지가 자신에게 가장 효용(만족도)이 높아질지를 판단하여 최종적으로 그 행동을 취한다.

Q 사람은 손해와 이득을 합리적으로 구분할 수 있다?

[가치 함수]

A
반드시
1,000만 원을
받을 수 있습니다!
기대치는
같다
1,000만 원×
100%
=1,000만 원
반드시 1,000만 원이
손에 들어온다는
말을 듣고
많은 사람이 몰려있다.
시끌
벅적

A 반드시 1,000만 원을 받을 수 있다

B 50%의 확률로 2,000만 원을 받을 수 있지만, 나머지 50%는 0원

어느 쪽을 선택할까?

기대치란? 어떠한 행동을 취했을 때, 그 결과로 얻을 수 있는 값의 평균치. 상기 경우에서는 손에 들어오는 예상 금액을 말한다. '금액×확률'로 구할 수 있다.

☑ 손실에서는 리스크 지향적으로 행동한다

반대로 돈을 잃는 선택지의 경우는 리스크를 고르는 사람이 늘어난다. 반드시 1,000만 원을 잃기보다 가령 50%의 확률로 2,000만 원을 잃는다고 하더라도 나머지 50%의 확률로 한푼도 잃지 않을 기회에 거는 사람이 늘어난다. (→89쪽)

B
50%의 확률로
2,000만 원을
받을 수 있습니다!
하지만
이쪽은
선택하지
않는다
기대치가 1,000만 원인
것은 똑같은데,
이쪽은 사람이 적다.
1원도 얻지 못할
가능성이 있기 때문에
선택하지
2,000만 원 ×
50%=
1,000만 원
A

이득보다 손실을 무겁게 느낀다

A와 B의 기대치는 같다. 하지만 이득인 상황에서는 사람은 리스크를 회피하고 확실성을 선호하므로 100% 받을 수 있는 A를 선택하는 사람이 많다.

가치 함수

A 이득보다 손실을 무겁게 느낀다

돈을 땄을 때의 기쁨과 잃었을 때의 슬픔은 같은 금액이라도 심리적 임팩트가 다르다. 전망 이론에서는 이 득실을 어떻게 받아들이는지를 '가치 함수'로 표현하는데, 이것은 다음 페이지와 같은 그래프로 나타낼 수 있다.

그래프의 세로축은 득실에 대한 감정의 움직임을, 가로축은 득실의 객관적인 가치를 나타낸다. 그래프를 보면 이익을 얻었을 때보다도 같은 금액을 잃었을 때가 더 크게 반응한다는 사실을 알 수 있다. 액수가 같다면 돈을 딴 기쁨보다 잃은 충격이 약 2배 더 크다. 따라서 사람은 손실을 회피하려고 한다. 이것을 손실 회피성이라고 한다.

10,000원
잃었다!!
10,000원
주웠다!
손해
>
이득

• 같은 금액인데 심리적 임팩트의 차이는 크다

다음 페이지의 그래프에 있듯이 10,000원을 얻었을 때의 기쁨을 '1'이라고 한다면 10,000원을 잃었을 때의 슬픔은 '2.25'가 된다. 사람이 느끼는 득실에 있어, 손해가 더 심리적으로 무겁다.

득실이 커지면 감각이 둔해진다

맥주 첫 잔은 두 번째 잔, 세 번째 잔보다 유달리 맛있게 느껴지지 않는가? 마찬가지로 도박에서도 맨 처음 10만 원을 잃으면 추가로 10만 원을 잃었을 때보다 슬프게 느껴질 것이다.

이렇듯 이득이든 손실이든 참조점(→94쪽)에서 멀어질수록 감각이 둔해진다. 가치 함수의 형상은 이러한 수확 체감의 현상도 나타낸다.

프로스펙트 이론의 가치 함수

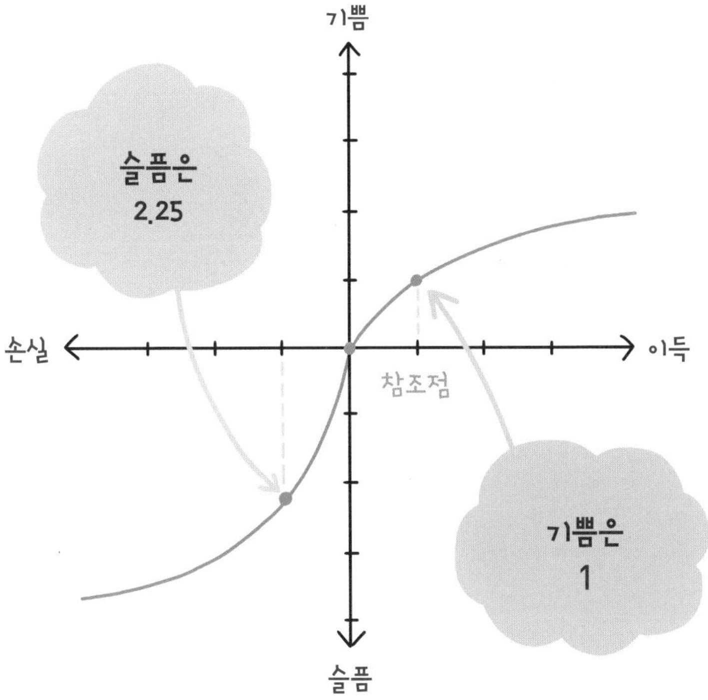

● 손해는 이득의 2.25배나 무겁다! 수확 체감의 법칙

가치 함수

A 이득을 볼 때는 리스크를 피한다

아래 그림과 같은 경우에서는 사람들 대부분이 '반드시 6,000만 원을 받을 수 있다' 쪽을 고른다. 86~87쪽에서 소개했듯이 사람은 눈앞에 이익이 있으면 그것을 확실하게 얻으려는 경향이 있기 때문이다. 이러한 마음의 움직임을 '리스크 회피적'이라고 부른다.

반드시 6,000만 원을 받을 수 있습니다!
바글
바글
6,000만 원 × 100% = 6,000만 원
기대치는 동일
2,000만 원 또는 1억 원을 50%의 확률로 받을 수 있다
휑~
(2,000만 원+1억 원) × 50%=6,000만 원

● '반드시'라는 말에 사람은 모인다!

확실성이 높은 쪽에 사람들이 몰려들었다. '못해도 2,000만 원을 받을 수 있다'라는 또렷한 이점이 있는데도 '반드시' 받을 수 있는 6,000만 원과 비교하면 손해를 보는 선택지처럼 보인다. 이것이 행동경제학에서 검증된 마음의 움직임이다.

돈을 잃고 있을 때는 리스크를 부담하기 쉬워진다 #리스크 지향적

손실이 나고 있는 상황에서는 사람은 리스크를 선호한다. 예를 들어 카지노에서 200만 원을 잃은 상황이라고 하자. 빨간색/검은색 룰렛에 200만 원을 걸고 맞추면 결과적으로 0원이 되지만, 빗나가면 -400만 원이다.

이 승부만 보았을 때는 맞추면 200만 원 이득, 빗나가면 200만 원의 손해다. 합리적으로 생각하면 반 정도의 사람이 도박을 할 것이다. 그러나 이미 지고 있는 상황에서는 많은 사람이 도박에 도전한다. 이러한 마음의 움직임은 '리스크 지향적'이라고 불린다. 가치 함수(89쪽의 그래프)의 모양이 위로 볼록하면 리스크 회피적, 아래로 볼록하면 리스크 지향적이라는 사실을 의미한다.

두근 두근
으으…
1회 200만 원
역전의 기회!
데굴데굴

● 도박에서 지고 있을 때, 한방을 노리는 사람이 늘어난다!

Q 사람이나 상황에 따라서 가치를 달리 느끼는 이유는?

[참조점]

성과급
500만 원이다!
야호!!
200만 원
일 거라고
생각
했는데~

부서 내 매출 목표를 달성하고 특별성과급 500만 원이 지급되었다

왜 기뻐하는 사람과 아쉬워하는 사람으로 나뉠까?

☑ 상황에 따라서 가치를 다르게 느낀다

쇼핑을 할 때, 상황에 따라서 기준이 달라진다. 예를 들어 시세를 알고 있는 물건을 살 때는 시세를 고려에 넣어 기준으로 삼지만, 시세를 모르는 물건을 살 때는 직전에 본 가격표에 강하게 이끌려 기준이 정해진다.

축!
매출 목표
달성!!
800만 원
이라고
생각
했는데…
힝~

A 각각 기준을 가지고 있기 때문에

'200만 원 정도 받을 수 있다'라고 예상한 사람은 '이득'이라고 느끼고, '800만 원일 것이다'라고 생각한 사람은 '손해'를 보았다고 느낀다.

참조점

A 각각 기준을 가지고 있기 때문에

전통적인 경제학에서는 사람은 초합리적인 존재로 여겨진다. 그 때문에 앞 페이지와 같은 특별 성과급이 나온 경우에는 모든 사람이 기뻐할 것이라고 생각한다. 성과급이 없는 상황과 비교하면 이점이 있기 때문이다.

그러나 실제로는 그렇지 않다. 같은 액수의 돈이라도 사람에 따라서 가치를 다르게 느끼기 때문이다. 앞 페이지와 같이 적은 금액을 예상한 사람은 기뻐하고, 많은 금액을 기대한 사람은 실망한다. 이 기준은 전망 이론에서 '참조점'이라고 부른다.

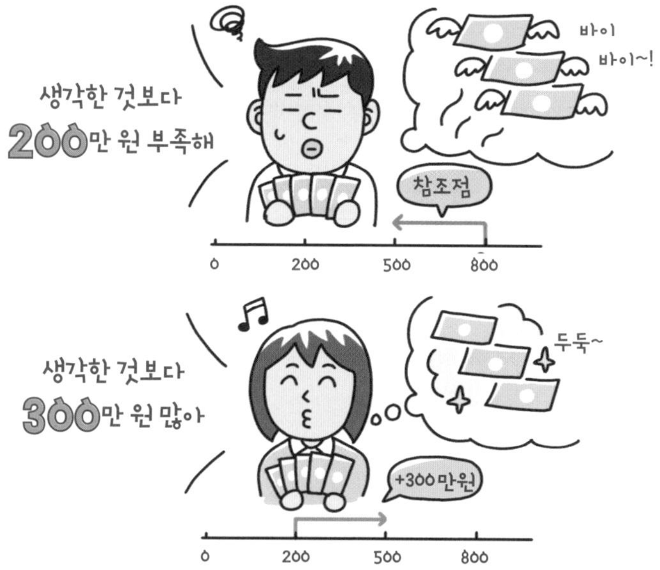

생각한 것보다
200만 원 부족해
바이
바이~!
참조점
0
200
500
800
생각한 것보다
300만 원 많아
두둑~
+300만원
0
200
500
800

• 사전 예상에 따라서 기뻐하는 사람과 그렇지 않은 사람으로 나뉜다

앞 페이지의 예에서는 '800만 원 받을 수 있다'라고 생각한 사람은 같은 경험을 바탕으로 참조점(기준)이 '800만 원'으로 형성되어 있다. 다른 한 사람은 특별 성과급 자체를 받아본 적이 없다. 여러 가지 이유에서 '200만 원'으로 예상하여(참조점이 되어) '+300만 원'이라는 차이에 기뻐한 것이다.

상황에 따라서 참조점은 바뀐다

참조점은 상황에 따라서 변화한다. 사람은 사물의 가치를 상대적으로 판단하는 경향이 있다. 예를 들면 평소에 잘 사지 않는 물건은 시세를 잘 모르기 때문에 자기 나름의 가격 기준이 없다. 이러한 경우에는 제일 처음 본 물건의 가격이 참조점에 영향을 미친다. 맨 처음에 비교적 비싼 물건을 보면 그 후에 보는 가격을 싸다고 느끼기 쉽다.

이러한 대비에 따라 인상(참조점)이 변하는 것을 '콘트라스트 효과(대비 효과)'라고 하는데, 매장 디스플레이 전략으로 자주 사용된다.

300만 원
비싸다!!
300만 원
다음 매장에서는
오오…
이건 그렇게
비싸지 않네
100만 원
200만 원
100만 원
300만 원(참조점)

● 비싸다고 느끼는 경우와 아닌 경우는 어떻게 정해지는가?

손목시계의 시세 감각이 없는 사람이 처음으로 고급 손목시계를 사러 갔을 때, 100만 원짜리 시계를 보고 '역시 비싸군~'하고 느꼈다고 하자. 그러나 만일 이 사람이 처음에 300만 원짜리 시계를 보고 나서 다음으로 100만 원짜리 시계를 보았다면 '그렇게 비싸지 않네'하고 느끼게 된다.

Q 확률이 낮을수록 희망을 품는 이유는?

[확률 가중 함수]

복권
바글
10억 원
바글
올해는 꼭
복권 당첨되어야지~!

지금까지 한 번도 당첨된 적이 없지만
복권에는 기대를 걸게 된다

줄을 서서 살 정도로 인기를 끄는 이유는 무엇일까?

☑ 높은 확률을 과소평가하기도

사람은 높은 확률을 과소평가하는 경향을 가지고 있다. 머리로는 이해하고 있지만, 확률을 합리적(객관적)으로 평가하는 일에는 서투르다.

당첨 확률을 예로 들면…
5만 명 수용 가능한
경기장 100개 가운데 1명

복권의 1등 당첨 확률은 거의 '0'이다. 그럼에도 많은 사람이 구입하는 이유에는 '확률을 어떻게 느끼는지가 관련되어 있다.

0.00002%!
덜덜~

A

낮은 확률을 과대평가한다

확률을 합리적으로 평가하면 복권은 인기를 끌지 못할 것이다. 사람은 낮은 확률을 과대평가하기 때문에 복권에 관심을 쏟게 된다.

확률 가중 함수

A 낮은 확률을 과대평가한다

사람은 확률을 정확하게 파악하지 못한다. 인간이 확률을 어떻게 느끼는지를 나타낸 것을 '확률 가중 함수'라고 하는데, 전망 이론의 핵심을 이룬다. 아래 그래프의 가로축은 객관적인 실제 기준, 세로축은 주관적으로 확률을 어떻게 받아들이는지를 나타내는데, 확률을 정확하게 인식할 수 있다면 그래프는 45도의 직선을 이루게 된다.

그러나 실제로는 낮은 확률은 과대평가 받고 높은 확률은 과소평가 받으므로 아래의 그래프와 같은 곡선이 된다. 따라서 10억 원이 당첨될 확률은 0.00002%(500만 명 중 1명)라는 복권에 희망을 느끼는 사람이 나타난다.

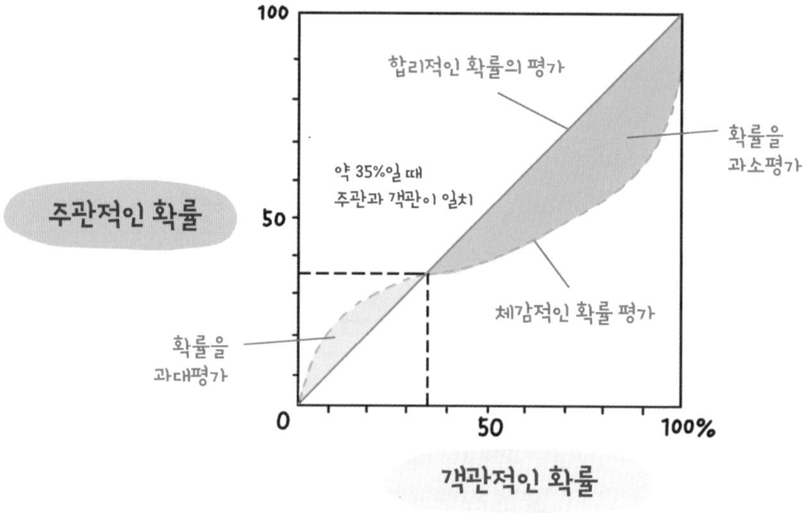

● 전망 이론의 확률 가중 함수를 나타내는 그래프

'거의 확실'은 착각이 일어나기 쉽다

낮은 확률을 과대평가하고 높은 확률은 과소평가하는 경향은 객관적인 확률이 0%나 100%에 가깝고, 거의 확실할 때 특히 뚜렷해진다.

당첨되는 일은 극히 드물다는 사실을 알면서도 복권 1등을 기대하거나 잘 일어나지 않는 비행기 사고를 지나치게 두려워하는 것이 이 때문이다.

떨어지면
어떻게 하지…!!
덜덜…

비행기 사고가 일어날 확률도 과대평가 받기 마련이다. 비행기 사고로 사망할 확률은 수백만 분의 1이라고 알려져 있다. 자동차 사고와 비교하면 큰 폭으로 낮지만, 확률이 과대평가되어 비행기에 타는 것을 두려워하는 사람이 나타난다.

● '거의 확실'에서는 자주 착각을 한다

괜찮을까?
성공률은
99%인
수술입니다.

● 생명과 생활에 관련된 것은 더욱 두드러진다

자신의 생명과 생활 등 중요하면서도 직접 관련된 일이라면 더욱 확률을 잘못 인식하기 쉽다. '이 수술의 성공률은 99%'라고 들었을 때, 실제보다 상당히 낮게 느끼는 사람이 많다.

Q 돈 쓰는 방법은 어떻게 결정하는가?

[전처리]

Ⓐ 100,000원짜리 티켓을 사려고 했는데
100,000원을 잃어버린 사실을 알아차렸다

Ⓑ 100,000원짜리 예매권을 샀는데,
예매권을 잃어버렸다는 사실을 알아차렸다

둘 중 어떤 상황일 때 100,000원을 내고 콘서트를 보려고 할까?

✅ 어떻게 손에 넣었는지에 따라 사용법이 달라진다

가령 금액이 같다고 하더라도 피땀 흘려 번 돈은 신중하게 쓰고, 복권 당첨 등으로 노력의 대가없이 얻은 돈은 낭비하기 쉽다.

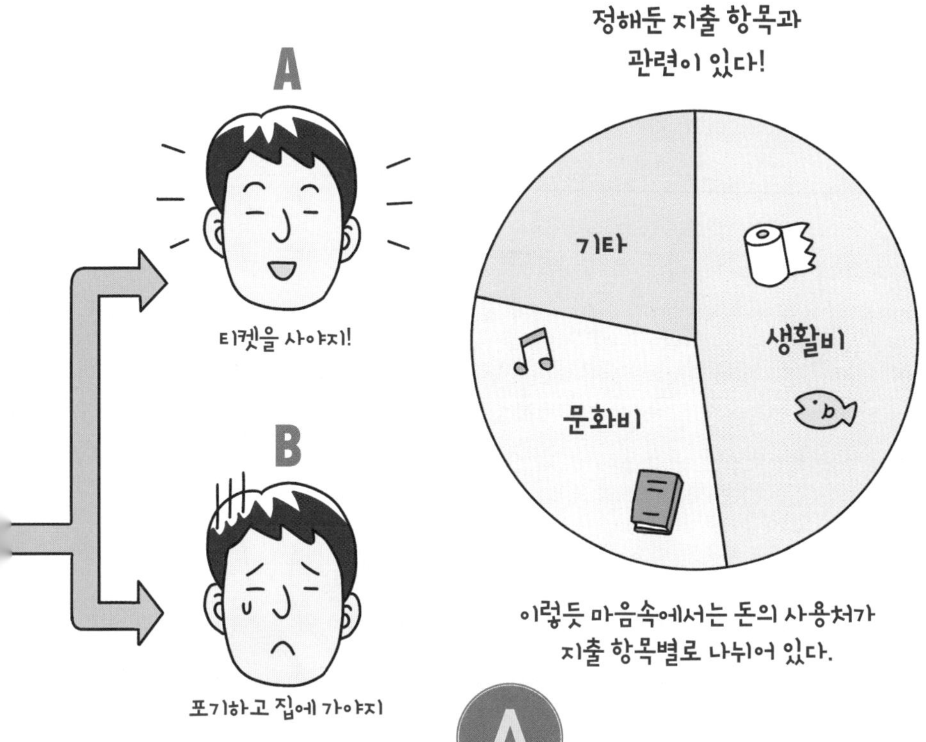

A
티켓을 사야지!
B
포기하고 집에 가야지
정해둔 지출 항목과
관련이 있다!
기타
생활비
문화비
이렇듯 마음속에서는 돈의 사용처가
지출 항목별로 나뉘어 있다.

A

마음속 계좌가 의사결정을 좌우한다

사람은 머릿속에서 한 달의 지출을 생활비, 문화비 등 지출 항목을 나누고 있고, 각각 지출 상황에 맞춰서 생활을 꾸려나간다.

전처리

A 마음속 계좌가 의사결정을 좌우한다 #심리적 회계

득실이나 확률이 관련된 의사결정은, 의사결정을 내리기 위해 상황을 평가하는 '전처리'라는 단계가 영향을 미친다. 전처리에서는 선택지를 검토하여 참조점이 결정된다.

이 검토 항목의 첫 번째로 마음속 지출항목이 있다. 머릿속에서 생활비, 오락비와 같이 여러 개의 항목을 만들어 각각의 항목 내에서 비용 대비 효과를 최대한으로 내기 위해 무의식중에 계산한다는 사고방식이다. 이것을 '심리적 회계'라고 한다.

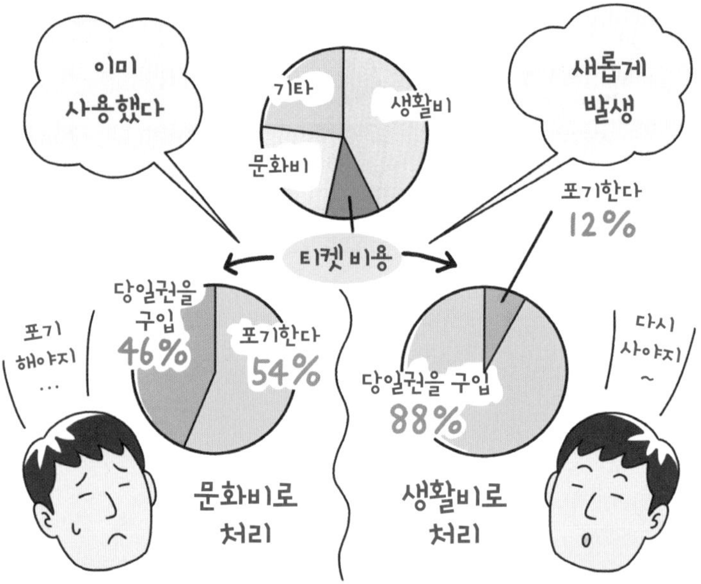

● **아직 쓰지 않은 10만 원은 '생활비'**

티켓을 분실했을 때, 10만 원+10만 원=20만 원이 문화비가 되므로 너무 많다고 느껴 포기하는 사람이 많다. 반면 10만 원을 잃어버렸을 때는 생활비 10만 원 손해로 처리하고, 추가 10만 원은 문화비로 적절하다고 판단하게 된다.

고생해서 번 돈은 소중히 한다 #하우스 머니 효과

어떻게 해서 얻은 돈인지에 따라서도 사용하는 방식은 달라진다. 초합리적으로 생각하면 어느 돈이든 의미는 같을 것이다.

그러나 실제로는 일해서 번 돈은 귀하게 사용한다. 반면 복권 등으로 고생 없이 손에 넣은 돈은 헤프게 쓰기 마련이다. 이러한 경향을 '하우스 머니 효과'라고 한다. 사람은 전처리 단계로 수중의 돈에 의미를 붙이고, 이를 바탕으로 어떻게 쓸지 정한다.

200만 원
갖고 싶지만 참아야지!!
200만 원
어서 오세요~

● 고생해서 번 돈은…

200만 원
이거 주세요 …
200만 원
복권에 당첨!
두둥~

● 굴러들어온 공돈은…

몹시 기다리던 일이 다가오면 우울해진다

해석 수준 이론

꺄~
남자친구와
결혼식!
웨딩드레스는
뭐로 하지~
기다
려져~
신혼여행은
어디로 할까?
프로포즈
받아서
너무 좋아~!
하하하하~

결혼식
1년 전

결혼식 준비
힘들어…
이사도
준비해야 해…
불
안
모아 둔
돈도 없고…
이 결혼
해도
괜찮을까…?
흐음~

결혼식
1개월 전

그렇게 기다리던 결혼식 직전이 되면 우울한 기분에 빠지는 '결혼 전 우울증'. 시간의 흐름에 따라서 무엇이 달라졌을까?

그렇게 바랐던 결혼인데 식이 다가오면서 여러 가지 불안감이 싹트고 결혼 결정에 대한 의구심마저 들게 만드는 결혼 전 우울증. 그 원인은 결혼의 장점과 단점에 대한 시간할인인자의 수치 차이로 설명할 수 있다. 시간할인인자란 '장기적으로 보면 가치가 높은 것이라도 지금은 매력으로 느끼지 않는다'와 같이 미래에 발생할 사건의 현재 가치는 빠지고 환산됨을 말한다. 여기서는 대상과 사건에 대한 심리적 거리의 원근이 평가에 영향을 미친다고 보는 **'해석 수준 이론'**이 유용하다.

시간할인을 나타낸 그래프

아래 그림과 같이 미래에 발생할 사건에 대해 현재(오늘)의 시점에서
사람이 느끼는 가치는 할인되어 있다.

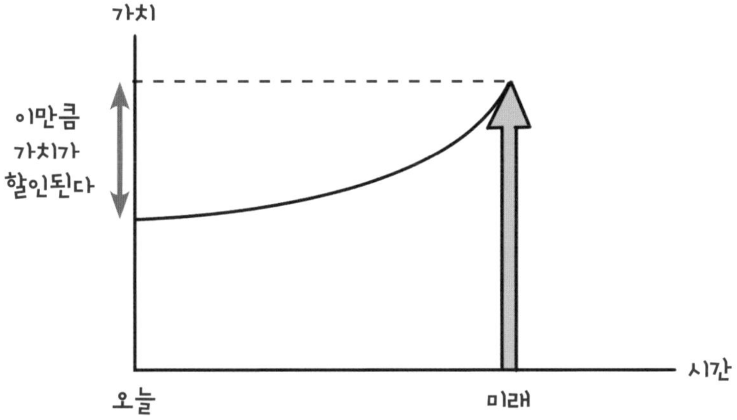

시간이 흐르면 해석이 달라지기 때문에

사람은 눈앞의 이득, 손실을 크게 느끼고 미래의 이득, 손실은 작게 느낀다.
결혼마저도 '관두는' 선택을 내리는 경우도 있다.

시간이 흐르면 해석이 달라지기 때문에

해석 수준 이론이란, 사람은 시간적 거리가 먼 것에 대해서는 본질적 해석(고차 해석)을 하고, 가까운 경우에는 구체적, 부차적 해석(저차 해석)을 하기 쉽다는 접근법이다. 원래 '한평생 반려자와 행복하게 지낸다'라는 본질적 목적이 '결혼식 준비나 양가 간의 관계' 등의 부차적 요인을 뛰어넘었기에 결혼을 결심했을 것이다. 그런데 고차 해석보다 저차 해석이 시간할인이 크므로 결혼식이 가까워짐에 따라 부차적인 요인이 본질적인 요소보다 크게 느껴지며 선호가 역전된다. 이것이 결혼 전 우울증이 일어나는 이유의 하나다.

결혼 전 우울증이 일어나는 이유

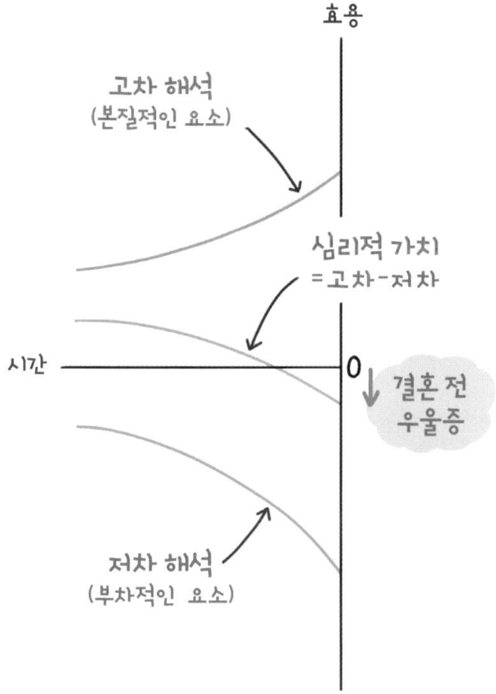

일시적인 효용이 이기면 선호가 바뀔 수 있다 #현재 바이어스

75쪽에서 설명했듯이 사람은 눈앞의 이득을 크게 받아들인다. 예를 들면 다이어트를 하겠다고 결심했는데, 무심코 케이크를 먹고 만다. 금연하려고 했는데 눈앞에 보인 담배에 손을 대고 만다. 자주 있는 일이지만 이것은 모두 눈앞의 가치를 크게 느끼는 현재 바이어스에 의해 선호의 역전이 일어난 예시다.

다이어트도 금연도 미래에는 큰 효용을 가져다줄 것은 명백하므로 합리적으로 생각하면 참는 쪽을 선택할 것이다. 그러나 실제로는 일시적 효용의 유혹에 진다. 미래보다도 현재를 중시하면 '선호의 역전'이 일어난다.

살은 빼고 싶지만…
먹고 싶어!!
와앙~
가치
시간
케익
다이어트

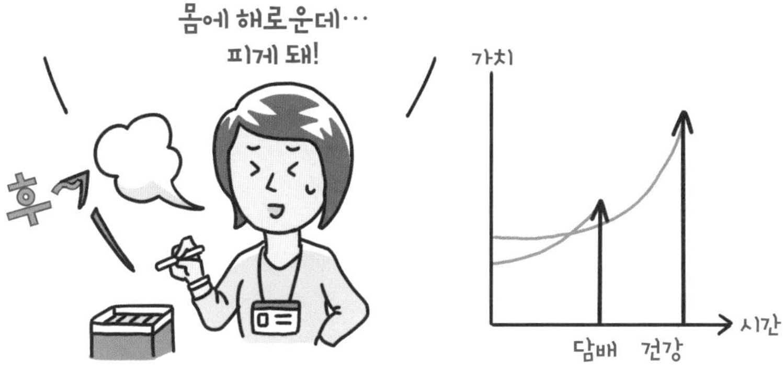

몸에 해로운데…
피게 돼!
후~
가치
시간
담배
건강

4

CHAPTER

마케팅에 활용한다

행동경제학의 활용 사례

제4장에는 지금껏 소개해 온 행동경제학의 이론 등을 '마케팅'에 활용한 사례를 소개한다. 마케팅이란 상품과 서비스를 팔기 위해 취하는 전략을 말한다. 제1장에서도 언급했듯이 '마케팅의 아버지' 필립 코틀러는 "행동경제학은 마케팅의 다른 이름에 지나지 않는다"라고 말했을 정도로 행동경제학과 마케팅은 가깝다. 그만큼 마케팅을 이해하는 데에 행동경제학은 빼놓을 수 없다.

19,900원을 싸다고 느끼거나…

삐비익~
얍!
900
10,000원 대군
SALE!
전 품목
티셔츠
19,900원
19,000원
(거의) 20,000원이라고는 생각하지 않는다!!

홈쇼핑에 빠지거나…

적자 각오!!
직배송
맛있어~!
지금부터 30분 한정!!
추가 할인!
000-xxx
아, 여보세요?
나도 모르게 보게 된단 말이지~
주문!

마케팅 성공 사례 1

무조건 간편하고 쉬워야 할까? 핫케이크를 만드는 과정을 추가한 전략

Before

간편한데
팔리지 않았다…
물
물을 붓고
섞으면 완성!!
핫케이크
간편하긴
하지만…
대충대충한다는 말은
듣고 싶지 않아
훅!

›› 조금이라도 더 간단하게 만들 수 있으면 좋다.
그러나 현실은 그리 단순하지 않다.

'쉽고 편하게' 왜 안 팔릴까?

물을 붓고 섞기만 하면 되는 핫케이크 믹스. 별도의 재료도 필요 없고 수고로움도 들지 않아서 간단하고 편리하다. 맛도 괜찮다. 분명 폭발적인 히트를 할 것이라고 생각했는데 잘 팔리지 않는다.

그런데 달걀과 우유를 넣어야 하는 일반적인 핫케이크 믹스로 바꾸었더니 잘 팔리기 시작했다. 대체 왜일까? 여기에는 다음 두 가지 요인이 연관되어 있었다.

After
귀찮아 보이는데
잘 팔린다!
달걀 과 우유 를
넣고 섞으면 완성!
핫케이크
150g×2봉입
이걸로 해야지
대충
대충
한다는
말은
듣고
싶지
않아
부슬부슬

요인 1

이케아 효과

수고로움이 들어야 가치를 느낀다

가격 이상의 애착이 생기는 이케아 효과

이케아의 가구나 데아고스티니와 같은 조립식 장난감 등의 조립식이 왜 인기를 끌까. 그 이유의 하나로 '스스로 조립할 수 있다'를 꼽을 수 있다. 인간은 자신이 고생하고 손을 댄 물건에 대해서는 가격 이상의 가치와 애착을 느끼기 때문이다. 이 때문에 앞서 핫케이크 믹스의 사례에서도 손이 더 가야 자신이 직접 만들어서 정성이 담긴 느낌이 있어서 사랑받았던 것이다.

1
고생해서 조립하면…
해냈다!
2
가격 이상으로 가치를 느낀다!

요인 2

사회적 규범

가족의 평가가 신경 쓰인다

가정에도 영향을 미치는 사회적 규범

또 하나의 이유는 손이 덜 드는 핫케이크 믹스를 선택한 사람은 가족의 평가를 신경 썼다는 점이다. 즉, '대충 만들었다'라고 가족들이 생각하는 것은 아닐지 걱정한 것이다. 자신만의 효용을 최대화하려고 한다면 물만 붓는 믹스를 고르는 것이 맞다. 그런데도 인간은 가족이나 친구, 직장 동료나 상사 등 타인의 시선을 신경 쓰거나 배려하는(사회적 규범) 일이 많다.

이거 너무 대충 아냐?
배고파~
물만 붓고 섞으면 완성! 핫케이크
맛있게 만들어줘서
고마워!
재밌어~
자, 좀 더 손이 가는 이걸로 만들어요!
달걀과 우유를 넣고 섞으면 완성되는 핫케이크

>>> 실제로 가족이 대충 만든다고 생각하는지 아닌지는 관계없다. 인간은 무의식중에 '주변의 눈'을 신경 쓴다.

마케팅 성공 사례 2

19,900원과 20,000원 단 100원 가격 결정의 전략

Before

>>> 같은 세일 상품인데 20,000원과 19,900원은 사람마다 체감 가격이 다르다.

100원의 차이로 매출이 늘어나는 이유는?

가게에 가면 990원, 1,900원, 2,900원과 같이 단위가 '90' 혹은 '900' 등의 끝나는 가격의 상품이 넘쳐나는 사실을 알 수 있다. 이상하다고 생각한 적은 없는가.

같은 상품이라도 20,000원과 19,900원의 팔리는 양상은 전혀 다르다. 그러나 절대적인 금액으로는 100원 차이일 뿐이다. 대체 왜 그럴까?

요인 1

우수리 가격

자릿수를 하나 적게 느끼게 하는 마법의 숫자 '900'!

가장 큰 자리의 숫자가 체감 가격을 좌우한다

첫 번째 이유는, 우리는 가격을 윗자리 숫자부터 읽어나가기 때문이다. 19,900원이라는 가격에서 제일 먼저 눈에 들어오는 숫자는 '1'이다. 사실은 20,000원에 가깝지만, 체감적으로는 10,000원 대라는 인상을 강하게 받게 된다. 그래서 가격이 19,000원이라는 착각을 하기도 하고 잔돈 100원 때문에 이득을 본 것 같이 느낀다.

빠빅~
900
얍!
10,000원 대군
SALE!
전 품목
티셔츠
19,900원
(거의) 20,000원이라고는 생각하지 않는다!!
19,000원

>>> 물건값을 제하고 거슬러 받는 잔돈, 즉 '우수리'를 통해 가격이 비싸다고 느끼지 않는다. 이를 '우수리 효과'라고 한다.

요인 2

명성 가격 (베블런 효과)

딱 떨어지는 숫자는 '비싸다'라는 인상을 준다

→79p

딱 떨어지는 숫자는 프리미엄의 느낌을 연출한다

19,900원과는 반대로 '20,000원'과 같은 딱 떨어지는 가격은 '비싸다'라는 인상을 준다. 이것을 '명성 가격'이라고 한다.

'비싸다'라고 느끼게 만드는 데는 이점도 있다. 예를 들어 명품이 그렇다. 명품은 가격을 높게 책정함으로써 구입자의 우월감과 자기 현시 욕구를 자극한다(베블런 효과). 싸게 느껴지면 이 효과가 낮아진다. 그래서 딱 떨어지는 숫자로 선택한다.

명성 가격을 사용하면…
1억 5천만 원
500만 원
고급스러워!
갖고 싶다!
멋있어…
명품은 팔린다!

››› 명품에 쓰이는 명성 가격. 같은 명품이라도 중고 상품인 경우에는 저렴함을 원하는 고객이 많으므로 우수리로 가격을 정하기도 한다.

마케팅 성공 사례 3

다크 초콜릿 붐을 일으킨 롯데제과 드림카카오의 전략

이 초콜릿 멋있다!
CHOCO

다크 초콜릿의 붐을 일으킨 드림카카오의 성공 요인은?

기호품에 대해서도 행동경제학으로 설명될 수 있는 마케팅의 성공 사례가 있다. 롯데제과가 2006년부터 판매하고 있는 큐브형 초콜릿 '드림카카오'다. 이 상품의 가장 큰 차별화는 카카오 함량에 따라 상품군이 준비되어 있다는 점이다. 마치 커피 원두

를 고르듯이 카카오 함량을 고를 수 있는 이 상품은 당시 일반 초콜릿이 1,000원 대이던 것에 비해 3배 비싼 3,000원 대임에도 불구하고 고급 초콜릿으로 통하며 다크 초콜릿의 붐을 일으켰다. 판매 비결은 카카오 함량이 56%, 71%, 82%의 3종류인 점뿐만이 아니라 한입에 먹기 쉬운 큐브 모양의 디자인, 100%, 99% 함량의 한정판 출시 전략도 있었다.

요인 1

프레이밍 효과

타사 제품과의 철저한 차별화로 돋보이도록 한다 →64p

기존 초콜릿 제품에서는 획기적이었던 '큐브형'

롯데제과의 드림카카오가 붐을 일으킨 가장 큰 요인은 철저한 차별화였다.

가로 혹은 세로로 긴 '판 초콜릿' 형태가 대부분이던 초콜릿 시장에 롯데제과는 정육면체 형태인 '큐브'로 만들어 한입에 쏙 넣어 먹을 수 있게 만들어 출시했다. 또한 큐브 초콜릿에 맞게 새롭게 디자인된 원통형의 패키지가 타사의 다른 판 초콜릿이 늘어선 가운데 유독 눈에 띌 수 있었던 것이다.

››› 큐브 형태의 초콜릿에 걸맞게 원형통의 패키지로 만들었고, 56%, 72%, 82% 등 카카오 함량의 숫자를 강조한 디자인이었다. 현재는 '폴리페놀'의 함량을 강조하여 리뉴얼되었다.

3가지 종류, 한정판 출시 등 타사 제품과의 차별성

카카오 함량 100% 등 한정판을 출시하면서 특별한 제품이라는 느낌을 줘서 당시 비싼 가격에 걸맞게 프레이밍 효과가 작용하게 하는 데도 성공했다.

나아가 소비자의 마음을 사로잡은 것은 총 3종류의 상품군이었다. 일반적으로 한 가지 맛으로 출시되는 판 초콜릿 시장에서 차별화를 줄 수 있었고(→78쪽) 녹지 않게 보관할 수 있는 초콜릿으로 주목받게 되었다.

››› 세 가지 종류의 상품들 중에서 취향에 맞는 초콜릿을 고르도록 소비자를 유도했다. 나아가 타사의 제품과 겹치지 않아 소비자는 유일한 제품이라는 느낌을 받으며(**스노브 효과**), 타사 제품과 비교하여 선택할 여지도 없이 세 가지 상품 내에서 고르게 된다.

그 밖에도…

웰빙 열풍과 카카오 효능!

››› 당시 식품업계에서는 건강을 생각한 프리미엄 제품이 늘어날 것으로 전망했다. 카카오에 함유된 폴리페놀 성분이 성인병 예방 이외 식욕을 억제해 다이어트 효과가 있다는 사실이 알려지며 판매량은 급증했다. 현재는 폴리페놀 초콜릿으로 불리기도 한다.

마케팅 성공 사례 4

유튜브 콘텐츠로 MZ세대를 공략한 GS25 편의점의 전략

20% 할인
별로 안 싼데 …
싸다! 지금 사야겠어!
삼각김밥 전 품목 1,000원
짠!

››› 정기적으로 '삼각김밥 1,000원 세일' 하는 GS25 편의점. '20% 할인'보다 이득으로 느껴지는 데는 이유가 있었다.

요인 1 프레이밍 효과

할인율보다도 가격이 더 싸게 느껴진다 →64p

삼각김밥을 사러 편의점에 가면 '1,200원의 20% 할인' 등으로 표시되어 있다. 한편 GS25에서는 '전 품목 1,000원'이었다. 이때 호소력이 있는 것은 어느 쪽일까? 1,000원이 싸다고 느껴지지 않는가?

그 이유는 1,000원이 더 떠올리기 쉽기 때문이다. 실제로는 마트에서 파는 것이 싼데 20%라는 숫자가 가격으로 바로 인식되기 어려워서 비싸게 느끼고 만다.

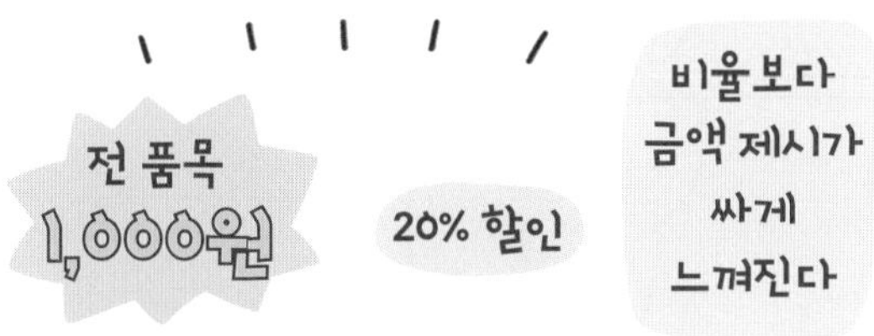
전 품목
1,000원
20% 할인
비율보다
금액 제시가
싸게
느껴진다

요인 2 운율 효과 (이용 가능성 휴리스틱)

운율감이 있는 어구는 기억에 잘 남는다

GS25 편의점은 유튜브 채널 '이리오너라'를 운영한다. '가장 예능에 진심인 편의점 채널'이라는 슬로건으로 차별화된 콘텐츠를 구성하고 있다. 트로트 가수 이찬원의 〈편의점〉 노래는 발음하기 쉽고 이해하기 쉽고 외우기 쉬운 징글(→41쪽)의 한 예로, 운율 효과가 있다. 즉 우리 기억에 잘 남는다. 따라서 물건을 살 때 노래 가사가 떠올라 GS25 편의점에 가게 된다.

삼각김밥 오모리 하나
사는 게 다 그런 거지
홀로 가는 내 인생 위로하네
우리동네 쥐에스~~~

마케팅 성공 사례 5

자신도 모르게 주문하게 만드는 홈쇼핑의 전략

아 여보세요?
나도 모르게 보게 된단 말이지~
주문!

››› 그냥 보고 있었을 뿐인데…. 어느샌가 흥미진진하게 화면을 바라보는 시청자. 소개되는 상품이 가령 다른 가게 등에서 판매되고 있는 것과 같은 것이라고 하더라도 '더 좋은 품질'에 '더 이득'이라고 느끼게 하는 요소가 프로그램의 여러 곳에 숨어 있다.

시청자의 시선을 빼앗는 프로그램의 계략

늦은 밤에 별생각 없이 TV를 보다 보면 어느샌가 홈쇼핑에 채널을 고정하고 있는 경험이 있지 않는가?

컴퓨터나 스마트폰을 사용한 인터넷 쇼핑이 중년층에게도 일반적으로 자리잡은 요즘 시대. 왜 일부러 전화를 걸어 주문해야 하는 홈쇼핑의 인기가 수그러들지 않을까? 그 이유에는 시청자를 사로잡는 행동경제학의 이론이 관련되어 있었다.

직배송
적자 각오!!
맛있어~!
지금부터
30분 한정!!
추가 할인!
000-XXX

요인 1

헤일로 효과

인기 연예인에 대한 신뢰감이 상품의 이미지를 좋게 만든다

→59p

유명인의 힘으로 설득력 UP!

우선 시청자를 매료시키는 첫 번째 요인은 상품을 소개하는 연예인 혹은 유명인이라는 존재다. 먹거리의 경우에는 이미지가 좋고 인기 있는 연예인들이 맛있게 상품을 먹고 있으면 연예인의 이미지에 이끌려 '맛있겠다' 하고 느끼고, 연예인들이 감격하는 모습이 흘러나오면 이에 동조하게 된다. 다소 가격이 비싸거나 가성비가 떨어지더라도 눈을 감게 된다.

반짝~
음~ 맛있어~!

그 밖에도…

문맥은

잘 팔리는 데는 이유가 있다!
한정판 색상!
캐논 EOS 100D 1,000대 완판

››› 문맥 효과라고도 일컬어지는 프레이밍 효과(→64쪽)는 이 사례에서도 나타난다. '이유가 있는', '한정'과 같은 표현은 상품의 가치를 높게 느끼게 만드는 프레임이 되어 시청자를 끌어들인다.

요인 2

시간 압박 (대표성 휴리스틱)

시간적 압박감이 냉정한 판단력을 빼앗는다

인간은 시간이 없는 상황에서는 생각하는 과정을 단순화하여 특징적인 정보만 파악하여 결정하는 휴리스틱을 사용한다. 눈에 띄는 정보가 긍정적이라면 그 상품을 호의적으로 파악한다. '지금부터 30분 한정, 10,000원 할인'과 같은 광고 문구에 시청자는 시간적 압박감을 받아 진짜 필요한지 아닌지 등 세세히 검증하지 않고 판단을 내린다.

헉
사야겠어!
앞으로
28분…!
째깍
째깍
째깍
---- ooo-xxx

요인 3

앵커링 효과

기준이 되는 가격을 제시하여 더 싸게 느끼도록 한다

→67p

앵커링을 활용한 가격 할인 제시법도 요인 중 하나다. 예를 들어 19,900원짜리 상품의 경우를 생각해보자. 이때 처음부터 '지금만 19,900원!'하고 대대적으로 어필하는 것보다 프로그램 내에서 2회나 3회로 나누어 서서히 가격을 내려 나가는 편이 시청자의 구매 욕구를 자극할 수 있다. 이것은 가격 인하 전의 금액을 제시함으로써 원래 가격이 앵커가 되기 때문이다. 특히 신상품과 한정 상품의 경우는 보통 익숙하게 알려진 상품이 아니다. 가격의 기준을 가지고 있지 않으므로 처음 본 금액을 타당하다고 분별없이 받아들이게 된다.

띠링
띠링
59,900₩
39,900₩
19,900₩
아싸~

마케팅 성공 사례 6

운동을 지속시키는 퍼스널 트레이닝 사업의 전략

일주일 무료체험입니다..!
살이 안 빠지면 전액 환불해 드립니다!!
손해 보는 거 아니니까 한번 해 볼까…

››› '결과가 나지 않으면 전액 환불'을 외치는 퍼스널 트레이너.
'결과가 나오지 않아도 금전적 손해는 없다'고 느껴 쉽게 가입하게 된다.

요인 1

반보성

보답에 응하려는 '반보성'에 의한 행동 →81p

열심히 해야지!!
딱 붙어서 봐주고 있어…
부들부들
앞으로 10번!

퍼스널 트레이너가 붙어서 전문 지식을 활용하여 한 사람씩 지도하여 다이어트를 성공하게 만들어주는 데 이 방식에 성공 요인이 있다.

사람은 타인이 자신을 위해 무언가를 해주었을 때, 보답하고 싶다는 '반보성의 법칙(Give and Take)'이 작용한다. 이 때문에 결과를 내어 트레이너의 노고에 보답하고 싶어서 열심히 노력한다.

요인 2

매몰 비용 효과

그만두려고 생각하지 않는 두 가지 이유 →63p

'기왕 시작했으니까 계속하지 않으면 손해를 본다'라고 생각하는 매몰 비용 효과도 한몫한다. 그뿐만이 아니라 환불 보증 기간에 계속해서 다이어트 프로그램에 참여함으로써 30일간 다이어트를 하는 것이 당연해지고, 그 상태를 유지하며 계속하고 싶어지는 성질, 즉 현상 유지 바이어스가 인간에게 있다. 이러한 요인에 의해 결국은 성과가 나오기까지 계속 운동을 이어나가게 된다.

30일간 전액 환불 보증
자, 해 볼까…
30일 후
기왕 시작했으니까
조금만 더 계속해야지!
현상 유지보다 변화를 바란다!

마케팅 성공 사례 7

호소하지 않고 많은 자금을 모을 수 있는 크라우드펀딩 전략

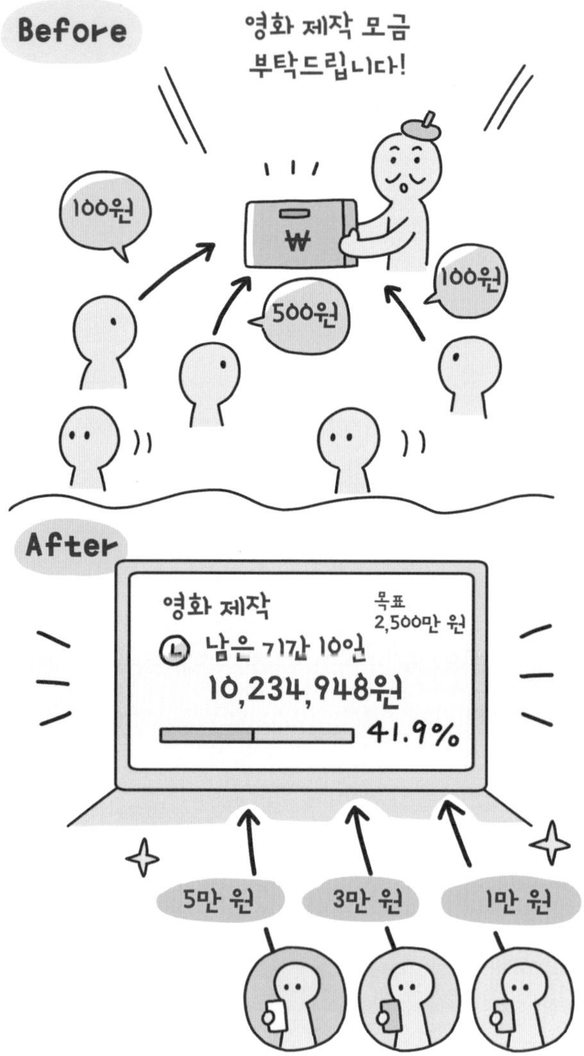

››› 장래가 유망한 상품과 서비스에 투자하여 개발을 돕는 크라우드펀딩. 희망 금액을 뛰어넘는 액수가 모이기도 한다. 대체 어떠한 메커니즘이 작용하는 걸까?

요인 1

동조 효과

타인의 지원 액수가 보이므로 이에 동조하게 된다

→79p

대다수와 같은 행동을 취함으로써 안심한다. 사람은 이러한 경향을 가지고 있다. 플래쉬몹이 한때 유행했던 것도 바로 '동조 효과' 때문이기도 하다. 혼자서는 불안하므로 주위의 움직임에 동조한다.

크라우드펀딩도 시시각각 금액이 늘어가는 모습을 보다 보면 자신만 참가하지 않은 것같은 기분이 든다. 대다수가 그렇게 생각하면서 돈이 모이게 된다.

남은 기간 10일
10,234,948원
41.9 %
다들 이렇게나 많이 냈어?!

요인 2

이타성

사회에 이바지한다는 느낌이 투자의 허들을 낮춘다

→83p

일반적인 투자는 이윤을 기대하는데, '크라우드펀딩은 단순한 투자가 아니다'라고 많은 사람이 생각한다. 펀딩하는 행위가 '의미있는 사업에 참여한다'고 생각해서, 리워드가 없더라도 지원금이 모인다.

경제학적으로는 비합리적이지만, 사람은 '이타성'의 행동을 취한다.

본격적인 영화를 제작하고 싶습니다!
○×대학 영상연구회
힘이 되어주고 싶어!

마케팅 성공 사례 8

위험성을 부추겨 구매 의욕을 상승시키는 전략

Before
뛰어난
살균 효과!
흐음~
After
도마에
생긴 흠집에
세균이
득실득실~
우리 집도 어떻게든
해결해야 해!

››› TV 광고나 신문 광고를 보면 상품 그 자체의 우수성보다도 상품을 쓰지 않았을 때 나타나는 부정적 요소를 더 부각한다는 사실을 알 수 있다. 왜 이러한 수법을 사용하는 걸까?

요인 1

손실 회피성

부정적 정보를 주고 손해를 느끼게 한다 →88p

우리는 긍정적 정보보다 부정적 정보에 주의를 기울이고 잘 기억한다. 이것은 '손실은 가능한 한 회피하고 싶다'라는 성질과 강하게 이어져 있다.

처음부터 필요 이상으로 상품에 기대하게 만들면 결과적으로 만족하지 못했을 때의 불만도 커진다. 따라서 판매자 측은 소비자의 공포심을 부추김으로써 상품의 필요성을 호소하려고 한다.

당신의 집도
붕괴할지도
모릅니다…
앗 무서워!
○×건설

요인 2

스포트라이트 효과

'내 일이다!' 하고 느끼면 위기감은 배가 된다

자신이 흥미 있는 일에는 선택적 지각(→42쪽)으로 확인한다. 특히 탈모나 숱이 적은 머리, 땀 냄새, 제모와 관련된 제품에는 부정적인 표현이 효과적인데, 이것은 인간은 자신의 외모 혹은 행동에 대해 타인이 더욱 주의를 기울일 것이라 생각하기 때문이다.

이것은 '스포트라이트 효과'라고 불리는데 '생각보다 더 주변 사람들은 당신을 신경 쓰고 있다'라는 말을 들으면 공포는 증폭된다.

쿵!
체모가 많은
사람은 별로예요…
□×제모 크림

5
CHAPTER

행동경제학의 핵심

넛지 이론

제5장에서는 행동경제학 분야에서 최근 주목받고 있는 '넛지 이론'에 대해 소개한다. 넛지란 '팔꿈치로 가볍게 쿡 찌르듯이 자발적으로 바람직한 행동을 선택하도록 재촉하는 것'을 말한다. 넛지를 사용함으로써 상대방에게 강요하지 않고 바람직한 행동을 취하게 할 수 있다. 제1장의 16쪽의 대형마트의 바닥에 있는 안내 표시도 그중 하나다. 그밖에 대기업이나 행정기관에서도 활용하는 등 실용성 높은 이론이다. 넛지 이론을 시작하기에 앞서 136쪽에서 넛지의 대표적 용어인 '디폴트' 등을 확인하고 넘어가자.

Before

아빠, 이런 편지가
왔는데…
기한이
초과했습니다.
납세
하여 주시기 바랍니다.
싫어!!
귀찮아…

세금을 체납한 사람 앞으로 독촉장이 날아왔는데도 좀처럼 세금을 내려고 하지 않는다.

넛지를 **활용**하면…

↓

After

어쩔 수
없군!
사람들 대부분이
기한 내에
납부하고 있습니다

독촉장의 표현을 바꾸었더니 시큰둥하던 체납자가
납세에 대해 조금 긍정적으로 생각하게 되었다.

용어 해설 #디폴트

원하는 선택지를 고르기 쉽게 한다

선택의 자유가 있을 때 미리 고르게 하고 싶은 선택지를 초기 설정으로 해두는 것을 디폴트라고 한다. 예를 들어 웹사이트 등의 회원 가입 화면에서 '정보성 메일을 수신하시겠습니까?'에 체크가 되어 있거나 통신사에서 요금제를 고를 때, 자동으로 옵션 선택이 되어 있는 경우를 볼 수 있다.

인간은 정보가 많으면 생각을 멈추고 휴리스틱을 쓰는 경향이 있다. 긴 문장이나 많은 선택지가 있는 상황에서는 생각을 잘 하지 않는다. 다시 말해 원래 선택지를 변경하는 일을 번거롭게 생각하기 때문에 미리 선택된 것을 고른다.

옵트 인과 옵트 아웃

동의할지 말지를 선택하는 화면은 옵트 인과 옵트 아웃의 두 종류로 나뉜다. 옵트 인이란 고르는 사람이 자기 손으로 동의 항목에 체크를 넣는 형식이다. 한편 옵트 아웃에서는 처음부터 체크가 들어있는 항목에 대해 동의하지 않을 경우에 체크를 지운다.

개인정보의 사용에 동의하는 경우는 아래 □에 ✓를 표시해 주세요.
개인정보의 사용에 동의하지 않을 경우는 아래 □에 ✓를 해제해 주세요
옵트 인
옵트 아웃

용어 해설 #보유 효과

물건이나 어떤 상태를 놓고 싶지 않아하는 심리를 자극한다

자신이 소유한 것에 대해 실제보다 높은 가치를 느끼는 심리를 보유 효과라고 말한다. 여기에는 손실 회피성(→88쪽)이 관련되어 있다. 보유하고 있는 것을 잃는 일은 '손해'라고 느끼기 때문에 없었던 물건을 얻는 '이득'보다도 심리적 충격이 크다.

보유 효과는 실제로 손에 넣지 못한 것에 대해 작용하기도 한다. 예를 들어 인터넷 옥션이 그렇다. 한 번이라도 입찰하면 마치 자신이 그 상품의 소유자가 된 듯한 느낌이 들어 다른 사람이 더 높은 가격에 입찰하게 되면 더욱 고액에 입찰하여 놓치지 않으려고 한다.

보유 효과를 검증한 실험

Q 머그잔을 판다면(산다면) 가격은 어느 정도?

머그잔을 받은 그룹	머그잔을 받지 않은 그룹

☆ 한 번이라도 자신의 물건이 되면

→ 느끼는 가치는 2배 이상으로!!

넛지 이론
1

고기보다 샐러드를 선택 디폴트로 직원이 건강해지다

구글 구내식당의 사례

››› 디스플레이에 보이는 샘플에서 메뉴를 고르는 일반적인 구내식당에서는 아무래도 좋아하는 메뉴를 고르게 된다. 특히 이용 가능성 휴리스틱이 작용하면 사람은 항상 주문하는 익숙한 메뉴를 선택하게 된다.

'채소 섭취'를 당연한 일로

구글에서는 넛지 이론을 구내식당 운영방안에 도입해 직원들의 과식을 막았다. 사내 복리후생 차원에서 무료로 24시간 구내식당을 개방하였었고, 이 때문에 직원들의 체중이 증가하고 건강이 나빠지자 선택을 유도하게 만든 것이다. 이를 통해 직원들의 비만율을 낮추는데 성공했다. 먼저 식당의 가장 눈에 띄는 위치에 샐러드를 배치하여 '채소를 먹는 것이 당연한 일'이라는 디폴트 상태를 만들어냈다.

게다가 구글의 식당은 무제한 리필이 가능한 뷔페였기 때문에 식당을 이용하는 직원에게는 '공짜니 많이 안 먹으면 손해'라는 생각으로 접시에 가득 샐러드를 담게 되었다고 한다.

무제한 리필!!
샐러드를 가장 눈에 띄는 위치에 배치하여 #디폴트로
샐러드가 많네! 많이 먹어야지!!
날씬

>>> 고기 요리 코너에 가기도 전에 샐러드로 이미 가득 차 있다. 이 점을 염두하고 접시 크기도 일반적인 뷔페에서 사용하는 것보다 한 사이즈 작게 했다. 그뿐만 아니라 고기 요리의 크기도 디폴트로 작게 함으로써 '이 크기가 당연'하다고 느끼도록 설계했다.

넛지 이론
2

동의인지 거부인지 물을 때
디폴트로 동의 비율이 급상승

장기기증 의사 표시 방식 사례

동의하는 경우에는
사인해 주십시오
사인하는 곳
귀찮아~
'동의한다'를
#디폴트로

››› 호주에서는 면허증 뒷면에 장기기증에 동의하는 사람에게 사인을 요구하는 형식을 취하고 있었다. 그러나 사인을 귀찮아하는 사람이 많아서 장기기증의 동의는 그다지 많지 않았다.

‘동의한다’를 표준으로 설정

호주에서는 면허증이나 건강보험증의 뒷면에 있는 장기기증의 의사 표시에도 넛지가 활용되고 있다. 원래는 동의하는 사람에게 사인을 시키는 형식이었지만, ‘동의한다’를 디폴트로 하여 동의하지 않는 사람에게만 사인을 요구하는 형식으로 바꾸었다. 일부러 사인하기에는 귀찮은 일이니 동의하는 사람이 많아졌다.

나아가 기증하고 싶지 않은 장기’의 항목을 많이 게재함으로써 정보가 과다한 상태로 만들었다. 인간은 정보가 너무 많으면 휴리스틱을 사용하게 되므로, 사인을 함으로써 장기기증을 거부하는 일로 이어지지 않는다.

흐음~
동의하지 않는 경우는
사인해 주십시오
사인하는 곳

›››‘동의한다’를 디폴트로 함으로써 사인하는 것을 하지 않게 만든다.

선택지를 늘려서
#정보 과다의 상태로
→36쪽
뭔가 많아서
잘 모르겠어

›››나아가 선택지를 늘림으로써 인식하는 정보가 많아지면
인간은 깊게 생각하는 것을 하지 않으므로 사인하는 행위를 하지 않게 된다.

넛지 이론

3

기한을 자주 어기는 팀원이

프레이밍 효과로 마감을 잘 지키게 되었다!

기업의 매니지먼트 사례

넵, 알겠습니다.
1개월 후에 제출해 주세요
마감 직전
끝이 안 보여!
미루기 (#현재 바이어스)

말하는 방식을 바꾸어 우선적 과제로 느끼게 한다

팀원이나 동료에게 일을 부탁할 때, '1개월 후에 제출해 주세요'하고 말해도 현재 바이어스가 작용하여 미루게 된다. 그 결과 기한을 넘겨 제출하는 일이 생긴다. 이것도 넛지를 이용하면 해결의 실마리가 보인다.

예를 들어 '1개월'을 '4주'로 바꿔 말함으로써 기한이 더 촉박하게 느껴지게 한다. 또 일주일마다 제출을 요청하면 듣는 사람은 그 업무를 우선적 과제로 인식해서 현재 바이어스가 작용해 미루는 것을 방지할 수 있다.

○월 ×일까지 제출해 주세요. 4주밖에 없지만요
4주밖에 없군… 빨리 해야겠어
#프레이밍 효과로 전달 방법을 고안한다 →64쪽
기한을 나누어 #현재 바이어스를 작동시킨다→75쪽
일주일마다 4회 제출해 주세요
바로 시작해야 기한 내에 제출할 수 있겠네…

››› 단위를 바꿀 뿐만 아니라 일자를 제시함으로써 마감을 구체적으로 떠올리게 한다

››› 기한을 더욱 촉박하게 느낌으로써 일의 우선순위가 바뀐다.

넛지 이론
4

받고도 무시하는 암 검진 통지서 칵테일 파티 효과로 수검자가 증가

지자체 공문서 사례 ①

무슨 말인지
잘 모르겠어…
암 검진 안내
대상자
수검자에게는 검사 키트를
보내드립니다
빼곡…
미루기
(#현재 바이어스)

'나의 일'로 느끼게 하는 방법

넛지는 공적인 문서에서도 활용되고 있다. 어느 지자체에서는 주민에게 보내는 암 검진 안내문에서 칵테일 파티 효과를 이용하여 받는 사람에게 자신이 대상자임을 자각하게 했다. '당신에게'나 '소중한'과 같은 표현을 넣어서 자기 일처럼 느끼게 하여 다른 우편물에 묻히는 것을 방지했다.

또 '검진 키트를 보내드릴 수 없게 됩니다'라는 문구는 받을 수도 있는 것을 받지 못하게 된다는 뉘앙스로, 손해보는 것처럼 느끼게 한다. 따라서 보유 효과가 작동하여 손해를 보지 않으려는 생각이 검진으로 이어졌다.

#칵테일 파티 효과로
자기 일처럼 여기게 한다
→42쪽
››› 편지에 '당신'이라는 표현이 있으면 인간의 눈에는
자연스럽게 정보가 들어온다.
대상자인 당신에게
보내는 소중한 알림
뭐지?
게다가…
암 검진 알림
올해 검진을
받지 않으면 검사 키트를
보내드릴 수 없게
됩니다
안 받으면
손해네!!
#보유 효과가
작용하여 수검자가
늘어난다 →137쪽
››› 지금 가지고 있는 것이 사라지지는 않지만,
어투 하나로 손해를 보는 듯한 기분을 들게 할 수 있다.

넛지 이론
5

세금 체납자가 많은 지자체에서도 사회적 선호를 응용하자 납세율이 향상!

지자체 공문서 사례 ②

아빠, 이런 편지가 왔는데…
기한이 초과했습니다.
납세
하여 주시기 바랍니다.
싫어!! 귀찮아…

'타인'을 의식하게 한다

영국에서는 넛지를 이용함으로써 납세율이 상승한 예도 보고되었다. 납부 기한이 초과해도 납세하지 않는 시민에게 관공서에서는 독촉장을 보내는데, 좀처럼 납세율은 오르지 않았다. 이에 관공서는 단순히 납부를 부탁하는 것이 아니라, 실제로 어떻게 세금이 쓰이는지를 통지서에 명시했다. 대상자의 이타성을 자극하여 '도움이 되고 싶다'라고 생각하게 만든 것이다.

또 통지서에는 사람들 대부분이 기한 내에 납부하고 있다는 사실을 기재했다. 타인과 같은 행동을 취하려는 동조효과에 의해 대상자의 납부를 촉진했다.

납세가 도움이 되고 있음을 명시해서 #이타성을 자극 →83쪽
흐음~
이러한 곳에 세금이 쓰이고 있습니다
또 왔어요

>>> 실제로 세금의 사용처를 눈으로 보면 납세에 의해 사회의 도움이 될 수 있다고 느끼고 긍정적으로 납세를 생각하게 된다.

어쩔 수 없군!
사람들 대부분이 기한 내에 납부하고 있습니다
타인의 예를 들면 #동조 효과가 작용한다 →79쪽

>>> 깊게 생각하지 않고 '그냥' 주변 사람들과 같은 행동을 취하려는 심리가 작용한다.

넛지 이론
6

재떨이를 바꾼 결과 동조 효과로 담배꽁초 무단투기가 급감

지자체 환경 관리 사례

다들 버리고 있는데
상관없잖아?

>>> "모두가 하고 있으니까 문제없다." 동조 효과가 작동하면 사람은 숙고하여 선택하기를 게을리한다. 그 결과 잘못된 행동을 하고 있는데도 주변 사람과 같은 행동을 취하고 만다.

긍정적인 방향으로 동조 유발

영국의 한 NPO 단체가 런던의 길거리에서의 담배꽁초 무단투기를 근절하게 하기 위해서 동조 효과를 이용한 사례가 있다.

이 단체는 재떨이를 투표함으로 만들었다. 투입구를 2개로 나누고 '어느 팀을 응원하는가?'라는 문구와 함께 각각의 통에 유명 축구팀의 이름을 기재했다. 그러자 흡연자가 통에 꽁초를 넣어서 투표를 시작했다. 이것을 본 사람이 차례로 뒤를 이으며 투표는 속도가 붙었다. 며칠 지났을 무렵에는 담배꽁초를 아무 데나 버리는 사람은 거의 없어졌다고 한다.

#동조 효과가
작용하여 투표가
늘어난다 →79쪽
어느 팀을
응원합니까?
리버풀
or
첼시
이쪽이지~
현재
1251
담배꽁초로
투표
1309
다들 하고 있고,
우리도 한번 해보자!

>>> 이 시책에는 동조 효과 외에 #칵테일 파티 효과(→42쪽)도 활용되었다. 인간은 자신이 흥미를 느끼는 주제에 대해 좀 더 귀 기울이는 경향이 있다. 따라서 다수의 이목을 끌 수 있는 주제를 선정하는 것이 이상적이다. 영국은 축구 강국이므로 위 주제가 적합했을 것이다.

6

CHAPTER

비즈니스 상황에서도 활용한다

행동경제학의 응용법

제6장에서는 지금까지 소개한 행동경제학 이론을 실생활에 응용하는 사례를 소개한다. 귀찮은 일을 할 때 동료에게 도움받고 싶거나, 한번 거절한 상대를 다시 설득할 때 등 사용할 수 있는 상황은 다양하다. 그 밖에도 제5장에서 소개한 넛지를 자신에게 적용함으로써 독서 습관을 들이거나 다이어트와 금연에 성공할 수 있다. 행동경제학의 이론은 비즈니스에 도움이 될 뿐만 아니라 개인의 더 나은 삶에도 도움을 준다.

과식을 방지하거나…

팅~
!
더, 더 이상
먹으면 안 돼…!

자격증 취득에 가까워지거나…

목표!
1일 1시간
책상 앞에 앉는다
우선은 저
목표를 향해
도전해야지!

목표 1 유리한 방향으로 거래를 이끌고 싶을 때

○×에이전트의
김민수임돠~
불안…
……
껄렁~
헉
뒤적뒤적
아~
그 서류
어딨더라…
어라?

››› 자고 일어나 뻗친 머리에 수염, 깔끔하지 못한 티셔츠 차림으로 인사한 데다가 업무 대처도 최악이다. 이렇게 해서는 상대방의 신뢰를 얻을 수 없다.

방법 1 초두 효과를 이용한다 →52쪽

비즈니스에서 첫인상이 중요하다는 사실은 잘 알려져 있다. 초두 효과에 의해 인간은 처음 받은 인상으로 그 후로도 영향을 받는다. 다시 말해 첫인상만 좋으면 그 이미지가 주도록 한다. 긍정적으로 작용하여 사소한 실수라면 만회할 가능성이 있다. 옷차림을 단정히 하고 상대방에게 '신용할 수 있다'라는 인상을 주도록 한다.

또박또박!
건실해 보이는 사람 이구나…
○×에이전트의 김민수라고 합니다.

방법 2 피크 엔드 법칙을 잊지 않고 물러난다 →53쪽

왁자
지껄
더 이야기하고 싶었는데…
그럼 전 이만!
넵!

대화를 마무리 짓는 방법도 첫인상과 마찬가지로 중요하다. 인간은 과거의 일을 떠올릴 때, 가장 고조된 시점의 감정과 마지막 인상을 통해 그 일을 평가한다. 즉 비즈니스 미팅의 마지막에 가장 중요한 이야기를 하면 상대방은 그 미팅을 떠올릴 때 '아주 괜찮았어'하고 평가하며 좋은 인상을 남길 수 있다.

목표 2

우리 쪽에 유리한 선택을 얻고 싶을 때

신형 자동차,
반드시 팔아!
응애~
네, 넵
알겠습니다…
이런
사정으로…
3,000만 원
흐음~
어떻게 하지~
이 차는
어떠세요?

››› 상사로부터 어려운 판매 건을 성공시키라는 지시를 받은 영업사원. 거래처에 우리가 바라는 선택을 내리게 만들기 위해서는 무엇을 할 수 있을까?

방법 1 극단의 회피 효과로 선택을 유도 →69쪽

거래처에 선택을 내리라고 요구할 때, 내 생각대로 유도하고 싶다면 미끼(극단의 회피) 효과를 활용할 수 있다. 선택지 중에서 미끼 선택지를 섞어둠으로써 골랐으면 하는 선택지의 평가가 상대적으로 높아진다. 또 어느 쪽을 '고른다'라는 상황으로 상대방을 유도함으로써 거래 자체를 중단하는 선택을 방지하는 데도 한몫한다.

3종류를 엄선했습니다!
신형 차
내비게이션 탑재
특별 사양
A 2500만 원
B 3000만 원
C 신형 차
흐음…
그럼
B로 할까

방법 2 허세로 손실 회피성에 호소한다 →88쪽

허세!
사실은
이 차,
다른
고객님도
마음에
들어
하셔서…
두근
두근…
다른 사람이 먼저 사 갈지도…
살게요!

어떻게 해서든 원하는 방향으로 유도하고 싶을 때는 마지막 수단으로 허세를 허세를 부리는 방법이다. '내 말대로 하지 않으면 손해를 본다'라고 암묵적으로 전달함으로써 상대방의 손실 회피성을 자극한다. 무분별하게 악용하는 것은 금물이지만, 손해는 이득보다도 크게 느껴지므로 상대방이 망설이고 있을 때는 마지막 한 방으로 효과적이다.

목표 3

귀찮은 일, 동료에게 도움받고 싶을 때

이것 좀 해줘~
쑥…
네, 넵…
하~
귀찮아!
있잖아,
이것 좀 부탁해도…
NO!
쑥…
무리야 무리~!

>>> 갑자기 떨어진 방대한 양의 업무. 동료에게도 도움을 청하고 싶은 상황인데, 어떻게 부탁하면 거절당할 리스크를 줄일 수 있을까?

방법 1 앵커링 효과로 부담이 작아 보이게 한다 →67쪽

상사가 맡긴 업무를 동료에게도 부탁하고 싶다. 그럴 때 활용할 방법이 앵커링 효과다. 자신이 받은 대량의 업무를 우선 상대방에게 제시하면 그것이 앵커, 즉 기준이 되는데 그중 일부를 부탁하면 상대방은 부탁받은 분량의 업무가 적다고 느끼고 받아줄 확률이 높아진다.

이것만
부탁할 수
있을까?
팔랑
그것만?
좋아!

방법 2 하딩 효과로 동조하게 만든다 →79쪽

다들 해준대!
그렇다면
어쩔 수 없지…

그 밖에도 주위 사람 모두에게 동조하도록 만드는 것도 효과적이다. 사람은 '다들 하고 있는데 나만…' 하는 상황에 불안을 느끼므로 '너한테도'라는 한 마디를 덧붙여 일을 부탁하면 흔쾌히 받아줄 것이다. 동조 효과와 마찬가지로 집단에서 벗어나고 싶지 않은 심리가 작용하는 것을 하딩 효과라고 한다.

목표 4

한번 거절당한 상대방에게 "YES"라는 대답을 얻고 싶을 때

저희는
이미 가지고
있어서…
헉~
흐앙~
어떻게든 부탁
좀 드립니다!

››› 어떻게 해서든 거래를 성사해야 하는 상대에게 거절당하고 말았다.
그럴 때도 행동경제학의 사고방식을 응용하면 해결하는 데 한발짝 다가갈 수 있다.

방법 1 단순 접촉 효과로 인상을 개선한다

영업했지만 한번 거절당한 곳에서 효과적인 작전은 지극히 단순하다. 몇 번이고 접촉을 시도하는 것이다. 메일이나 메시지를 보내는 것은 물론, 직접 만나러 감으로써 단순 접촉 효과가 작용하여 친밀감을 느끼게 된다. 사람은 접촉 횟수가 늘어나면 상대방에게 호감이 가기 때문이다.

또···
DM

자네도 참 끈질기군 ···
또 왔습니다

방법 2 숫자를 제시하여 동조 효과를 노린다 →79쪽

R-2 드링크
반짝!
90%의 고객님께서 선택하셨습니다!!
이게 그렇게 좋은가 보네!

동조 효과를 이용하여 타인과 발걸음을 맞추게 하는 것도 좋은 방법이다. 단순히 '다른 분들도 선택하셨습니다'라고만 말해도 효과는 있겠지만, 구체적으로 몇 %와 같은 숫자를 제시할 수 있다면 더욱 효과적이다.

스스로 넛지한다

행동경제학을 이용한 자기계발 1

목표 1

건강한 몸을 만든다

다이어트를 위해 케이크를 참거나 헬스장에 등록을 하지만, 꾸준히 하지 못하고 자신이 바라는 모습에 가까워지지 못한다. 이러한 경험은 누구나 가지고 있다. '자신의 행동을 컨트롤하는 것'은 목표를 달성하는 데 우선적 과제다. 그래서 꼭 시도해봤으면 하는 것이 제5장에서도 소개한 넛지를 활용하는 것이다. 목표에 도달할 수 있는 환경을 갖춤으로써 자연스럽게 행동으로 옮길 수 있게 되고 목표 달성에 한껏 가까워질 수 있다.

과제 1 | 살을 빼고 싶은데 과식하게 된다

해결책 1 단점이 보이게 한다

한창 다이어트 중인데 밤늦게 달콤한 디저트를 사서 집에 가거나 술을 마신 후에 라면을 끓여 먹은 경험은 다들 한 번쯤 있을 것이다. 그럴 때 추천하고 싶은 방법이 일부러 한 사이즈 작은 옷을 입는 것이다. 항상 적당한 압박감이 주어져 살찌는 위기감을 느끼고 먹는 유혹에도 지지 않게 된다.

팅~
!
더, 더 이상
먹으면 안 돼…!

과제 2 | 금연하고 싶은데 담배를 참을 수 없다

해결책 2 환경을 갖춘다

바로 손 닿을 곳에 담배가 놓여있다. 이런 상황에서는 유혹에 이기기 어렵다. 우선은 사놓지 말아야 한다. 그리고 꺼내기 귀찮은 상태를 만들고 쉽게 필 수 없도록 할 필요가 있다. 손이 닿지 않는 상황을 만들 수 있다면 무의식적으로 손을 뻗는 일도 사라진다.

사러 가는 것도
귀찮고
담배 피우고 싶은데
집에 없으니까 관둘까

과제 3 | 운동 습관을 들이지 못한다

해결책 3 SNS를 이용한다

조깅을 시작하려고 생각해도 마음이 내키지 않아 실행에 옮기지 못하고, 한번 뛰어도 작심삼일로 끝나고 만다. 그럴 때는 SNS 등으로 친구에게 알리는 것도 효과적인 방법이다. '내일은 뛸 거예요', '오늘도 뛰었습니다' 등, 일부러 주변 사람에게 알림으로써 '말했으니까 지켜야지', '또 업로드하려면 뛰어야지' 하는 의지가 작용한다.

띠링!
○○○○@△△□
오늘도 5km 달렸습니다!
2 5 13
1일 전
○○○○@△△□
오늘은 4km 뛰었다~
3 4 1
○×씨가
'좋아요'를
눌러줬어!

스스로 넛지한다
행동경제학을 이용한 자기계발 ②

목표 2

비즈니스 스킬을 높인다

"나 자신을 컨트롤한다.", "인생에 한 번쯤 궁극의 목표에 도달해 보고 싶다.", "자격증을 따고 싶다.", "승진하고 싶다." 등의 바람을 가지고 있어도 인간은 눈앞의 즐거움과 편안함에 마음을 빼앗긴다는 사실은 충분히 알고 있을 것이다. 스스로 '넛지'하는 방법을 익혀 자기자신이 원하는 목표를 이룰 수 있도록 해본다.

과제 1 | 자격증 공부가 순조롭지 않다

방법 1 작은 목표를 만든다

자격증 공부를 하려고 해도 합격이라는 최종적인 목표는 한참 뒤의 일처럼 느껴져서 귀찮아진다. '하루 1시간 책상 앞에 앉는다'와 같이 조금만 노력하면 이룰 수 있는 일을 눈앞의 목표로 설정해보기 바란다. 매일매일 작은 목표를 착실하게 이루어나가면 그 성취감이 큰 목표의 달성으로 이어진다.

목표!
1일 1시간
책상 앞에 앉는다
우선은
작은 목표부터
도전해야지!

과제 2 | 독서 습관을 들이기 힘들다

방법 2 벌칙을 마련한다

독서 습관을 들이고 싶을 때는 성공하지 못했을 경우의 벌칙을 마련해 친구에게 약속하는 것도 하나의 방법이다. 예를 들어 '한 달간 4권을 읽지 못하면 고깃집에서 한턱 쏘겠다', '하루 한 페이지씩 읽는 습관이 끊기면 10만 원을 기부하겠다' 등, 목표와 함께 벌칙도 함께 만든다면 그 내용을 의식하게 되어 의욕이 솟아오를 것이다.

어? 괜찮아?
벌써 월말인데?
고깃집 가서 쏠게!
척!
이번 달 안에 4권 못 읽으면…

과제 3 | 업무의 동기부여가 솟아나지 않는다

방법 3 보상을 준비한다

아무리 해도 의욕이 나지 않을 때는 목표를 달성했을 때의 보상을 먼저 정해두는 것도 좋다. '승진하면 세계일주 여행', '성과급을 받으면 갖고 싶었던 시계를 산다' 등 노력할 동기를 스스로 만들어보기 바란다. 지금은 고생스럽게 느껴져도 큰 즐거움이 저 앞에 기다리고 있으면 의욕도 높아질 것이다.

세계일주 여행 티켓
자신에 대한 보상
좋았어~ 열심히 해야지!
열심열심!

용어 해설

이 책에 등장하는 용어의 의미를 살펴보고 해당 쪽수에 소개된 사례를 통해 행동경제학 이론을 이해할 수 있을 것이다.

가치함수 득실에 대한 주관적 느낌을 나타낸 것. 득실은 참조점을 기준으로 판단되는데, 사람은 이득보다 손실을 크게 느끼기 쉽다. 이익을 얻을 상황에서는 리스크 회피적이 되지만, 손실의 상황에서는 리스크 지향적이 된다. … **85쪽, 86~91쪽**

고착성 휴리스틱 머릿속에서 기준이 된 수치나 정보에 강하게 영향을 받아 판단해버리는 의사결정 과정. **54~63쪽**

극단의 회피 효과 극단적인 것을 회피하려는 경향. 선택지가 세 개 있으면 맨 가운데의 것이 선택받기 쉽다. … **68쪽, 155쪽**

기대치 어떠한 시행을 실시해서 얻은 값에 그 결과가 일어날 가능성(%)을 곱한 값. … **86쪽**

넛지 팔꿈치로 가볍게 쿡 찌르듯이 자발적으로 바람직한 행동을 선택하게 유도하는 것. … **134~149쪽, 160~163쪽**

단순 접촉 효과 같은 것과 몇 번이고 접함으로써 좋은 인상을 가지게 되는 것. … **159쪽**

대표성 휴리스틱 대표적(전형적)인 것만 보고 전체도 그러할 것이라고 직감적으로 판단하는 의사결정 과정. … **44~53쪽**

동조 효과 사람들 대다수와 같은 행동을 취함으로써 안심하는 현상. 밴드왜건 효과(79쪽), 하딩 효과(157쪽)와 같다. … **79쪽, 131쪽, 147쪽, 148쪽, 157쪽, 159쪽**

디폴트 처음부터 의도된 설정을 하거나 선택지를 제시해 그 선택을 요구하기 쉬워진다. … **136쪽, 138~141쪽**

리스크 지향적 같은 기대치라면 리스크를 선호하는 선택을 내리는 경향이 있다. 전망 이론에서는 손실이 있는 상황에서 이렇게 행동한다. … **91쪽**

리스크 회피적 같은 기대치라면 확실성을 선호하는 선택을 내리는 경향이 있다. 전망 이론에서는 이득이 있는 상황에서 이렇게 행동한다. … **90쪽**

매몰 비용 효과 이미 투입하여 회수할 수 없는 비용(매몰 비용)을 무시하고 싶지 않다는 생각에 손해임을 알면서도 그만두지 못하는 것. 콩코르드 효과라고도 한다. … **62쪽, 63쪽, 129쪽**

명성 가격 명품 등에서 높은 수준을 소비자에게 느끼게 할 수 있는 높은 가격. 50만 엔과 같이 딱 떨어지는 가격이 프리미엄의 느낌을 연출한다. … **117쪽**

미끼 효과 선택지 중에 미끼가 될 만한 선택지를 섞어둠으로써 다른 선택지의 평가가 높아지는 것. … **69쪽, 155쪽**

바이어스 휴리스틱을 이용한 경우에 일어날 수 있는 치우친 사고방식. … **37쪽**

반보성 타인이 자신을 위해 무언가를 해주었을 때, 보답하고 싶다고 생각하는 성질. 사회적 선호의 하나. … **81쪽, 129쪽**

베블런 효과 비싼 가격이나 브랜드의 이미지로 소비자의 자기 현시 욕구를 자극하여 수요가 증가하는 현상. … **79쪽, 117쪽**

보유 효과 자신이 가진 것에 실제보다 더 높은 가치를 느끼는 것. … **137쪽, 145쪽**

사회적 규범 공동체에 속하는데 있어서 규칙이나 매너. 합리성보다 우선시되기도 한다. … **113쪽**

사회적 선호 사람은 자신의 이익뿐만 아니라 타인의 이익과 언동도 고려한다는 사고방식. … **71쪽, 76~83쪽, 146쪽**

선택적 지각 자신이 흥미 있는 정보만 골라 인식하는 것. … **42쪽, 133쪽**

선호의 역전 어느 2개의 사물에 대한 평가나 선택이 문맥에 좌우되어 역전하는 것. … **107쪽**

소수의 법칙 샘플의 수가 적고 극단적인 결과가 나오기 쉬운 데이터를 기반으로 주관적으로 법칙을 이끌어내는 것. … **46쪽**

손실 회피성 같은 금액이라면 사람은 손해를 이득의 2.25배 더 무겁게 느끼므로, 이득을 좇기보다 손해를 회피하려고 하는 것. … **88쪽, 133쪽, 137쪽, 155쪽**

스노브 효과 '타인과 같은 것은 싫다'라는 심리가 작용하여 희소한 것일수록 구입 욕구가 높아지는 현상. 동조효과의 반대. … **78쪽, 121쪽**

스테레오 타입 대상이 소속된 그룹의 전형적인 예를 바탕으로 만들어진 이미지. … **51쪽**

스포트라이트 효과 실제보다도 자신이 주목받고 있다고 착각하는 현상. … **133쪽**

시간 압박 시간제한을 두는 것. 사람은 시간이 없는 상황에서는 휴리스틱을 사용한다. … **127쪽**

시간 할인 미래에 발생할 사건의 현재 가치는 할인하여 환산한다. … **105쪽, 106쪽**

시간적 선호 사람은 미래보다도 현재를 중시하는 경향이 있다. … **70~75쪽**

시스테마틱 정보를 모아 신중하게 검토하는 사고 타입. … **32쪽**

심리적 회계 사람은 무의식중에 머릿속에서 지출을 여러 개의 계좌로 나누고 있는데, 각각의 계좌 안에서 비용 대비 효과가 최대가 되도록 꾸려나간다는 사고방식. … **102쪽**

앵커링 효과 제시된 수치나 정보가 앵커(닻=자극)가 되어, 이에 영향을 받아 판단하게 되는 것. … **57쪽, 67쪽, 127쪽, 157쪽**

우수리 가격 10,000원이나 1,000원과 같이 딱 떨어지는 가격과 달리 9,900원이나 19,900원과 같이 잔돈이 발생하는 가격으로 상대적으로 저렴하게 느끼게 된다. … **116쪽**

운율 효과 리듬감 있는 문구로 인상에 잘 남기는 효과를 준다. … **123쪽**

이용 가능성 휴리스틱 익숙한 것의 빈도와 확률을 과대평가하는 의사결정 과정. … **38~43쪽**

이중 과정 이론 사람은 정보 처리에 직감형 휴리스틱과 숙고형 시스테마틱의 두 가지 타입을 나누어 사용한다는 이론. … **33쪽**

이케아 효과 자신이 고생해서 손길을 더한 물건에 대해서 애착을 가지고 실제 가격 이상으로 가치를 느끼는 현상. … **112쪽**

이타성 보답을 바라지 않고 상대방의 효용이 높아지는 데에 순수하게 기쁨을 느끼는 성질. 사회적 선호의 하나. … **82쪽, 131쪽, 147쪽**

전망 이론 의사결정은 편집 단계와 평가 단계의 두 단계에 의해 이루어진다는 이론. 전처리라고도 불리는 편집 단계에서 먼저 선택지를 인식하여 참조점(기준점)이 정해진다. 그후 평가 단계에서는 가치함수에 의해 득실을, 확률 가중 함수에 의해 확률을 각각 계산한다. 그 결과를 통해 행동이 결정된다. … **84~103쪽**

전처리 전망 이론에서 상황을 평가하는 단계를 말한다. 참조점이 정해지고 그후의 의사결정에 영향을 준다. 편집 단계와 같다. … **85쪽, 100~103쪽**

정보 과다 시스테마틱으로 판단하기에는 정보가 너무 많은 상태. … **36쪽, 141쪽**

참조점 전망 이론에서 손실인지 이득인지 판단을 나누는 기준점. … **89쪽, 92~95쪽**

초두 효과 처음의 정보와 인상이 나중의 기억보다 더 큰 영향을 미치는 것. … **52쪽, 153쪽**

칵테일 파티 효과 여러 사람이 대화를 나누는 시끄러운 상황 속에서도 상대방의 이야기만 골라 들을 수 있는 현상. 선택적 지각의 하나. … **43쪽, 70쪽, 144쪽, 149쪽**

콘트라스트 효과 전후가 대비되면서 상품 등의 인상이 바뀌는 심리 현상. … **95쪽**

평균으로의 회귀 편중된 결과가 나온 후에는 더욱 평균에 가까운 결과가 나온다는 통계적 현상. … **48쪽**

프레이밍 효과 표현의 방식(문맥)이 바뀜으로써 평가와 판단도 바뀌는 것. 문맥 효과라고도 한다. … **57쪽, 64쪽, 120쪽, 123쪽, 126쪽, 143쪽**

플라세보 효과 위약(플라세보)이라도 그것을 환자가 효과적인 약이라고 믿고 복용하면 증상이 개선되는 현상. … **61쪽, 70쪽**

피크 엔드 법칙 피크(절정)와 엔드(마지막)가 전체에 대한 인상으로 남기 쉽다는 이론. … **53쪽, 153쪽**

하우스머니 효과 고생해서 얻은 돈보다도 운 좋게 손에 넣은 공돈을 낭비하기 쉬운 경향. … **103쪽**

해석 수준 이론 대상이나 일어난 일에 대한 심리적 거리의 멀고 가까움이 평가에 영향을 미친다는 이론. 심리적 거리가 먼 경우는 본질적 해석(고차 해석)을 하는 한편, 가까운 경우에는 부차적 해석(저차 해석)을 한다. … **104~107쪽**

헤일로 효과 눈에 띄기 쉬운 특징에 이끌려 다른 특징에 대한 정확한 평가를 게을리하는 현상. … **59쪽, 70쪽, 126쪽**

현재 바이어스 미래에 있는 만족보다도 눈앞의 만족을 우선시하고 마는 심리 경향. … **74쪽, 107쪽, 142~144쪽**

현상 유지 바이어스 변화보다 현재 상태를 유지하기를 바라는 경향. … **129쪽**

호모 에코노미쿠스 전통적 경제학이 가정한 경제 사회에서의 일반적 인간상. 초이기적, 초합리적, 초자제적으로 의사결정을 내린다. … **22쪽**

호혜성 상대방으로부터 보답을 기대하고 타인에게 친절히 대하는 성질. … **81쪽**

확률 가중 함수 확률에 대한 주관적 느낌을 나타낸 것. 낮은 확률일수록 과대평가하는 한편, 높은 확률은 과소평가하는 경향이 있다. … **85쪽, 96~99쪽**

확증 바이어스 선택적 지각에 의한 치우친 정보를 바탕으로 입맛에 맞게 판단을 내리는 것. … **56쪽**

휴리스틱 효율적으로 정보를 처리하기 위한 단순화된 의사결정 과정. 시간을 들이지 않고 어느 정도 만족할 수 있는 답을 내놓을 수 있지만, 바이어스를 일으키기도 한다. … **29쪽, 30~83쪽**

알아두면 돈이 되는
행동경제학

초판 1쇄 2022년 8월 30일

감수자 아베 마코토
옮긴이 신희원

편집 이동은, 김주현, 성스레
미술 강현희
마케팅 사공성, 강승덕, 한은영
제작 박장혁

발행처 북커스
발행인 정의선
이사 전수현

출판등록 2018년 5월 16일 제406-2018-000054호
주소 서울시 종로구 평창30길 10
전화 02-394-5981~2(편집) 031-955-6980(마케팅)

ISBN 979-11-90118-41-5 (03320)

※ 북커스(BOOKERS)는 (주)음악세계의 임프린트입니다.